사진으로 북녘 생활을 엿보다

평양의 일상

정창현 지음

역사인

북녘 사람들의 일상을 엿보다

2000년 6월 첫 남북정상회담이 개최되고 6·15공동선언이 발표된 지 13년이 넘었다. 2007년 10월 두 번째 남북정상회담이 열리고 10·4선언이 나온 지도 6년이 흘렀다. 그 동안 많은 우여곡절을 겪으면서도 남북관계는 발전의 길을 걸어왔다. 특히 남북교류가 활성화되면서 수많은 남측 인사와 해외동포들이 북을 방문했다. 2001년 창간된 통일전문지《민족21》도 단독, 공동취재 형식으로 수 차례 북녘에 다녀왔다. 취재과정에서 사진기자와 취재기자들은 북녘 주민들의 삶을 들여다볼 수 있는 다양한 사진을 찍었다. 또한 북측의 협력사인《통일신보》와 일본측 협력사인《조선신보》에서도 많은 기사와 사진을 보내줬다. 그만큼《민족21》은 북녘의 생활을 보여주는 사진을 가장 풍부하게 소장하고 있는 셈이다.

북녘의 생활을 생생하게 보여주는 사진들은《민족21》을 통해 소개돼 남쪽 사회에 큰 반향을 일으켰고, 정부기관과 시민단체뿐만 아니라 전국의 통일교육 현장에서 자료사진으로 활용돼 왔다.

그러나 엄청난 양의 사진이 제대로 분류되지 않아 전반적으로 활용도가 낮았고, 어떤 사진을 소장하고 있는지 알고 싶다는 교육현장의 요청도 많았다. 사실 젊은 세대에게는 장황한 설명보다도 한 장의 사진이 더 북녘 사회를 효과적으로 이해할 수 있는 지름길이 될 수 있다. 특히 갈수록 통일 교육의 중요성이 높아지는 상황에서 북녘 사람들의 다양한 모습을 담은 사진이 갖는 의미는 더욱 클 수밖에 없다.

이러한 요구와 취지를 살려 필자는《민족21》소장 사진을 선별해 북녘 사람들이 사는 모습을 담은 사진집을 발간하기로 했다. 이번 사진집을 발간하면서 두 가지 측면에 중점을 두었다. 우선 평양 사람들에 초점을 맞춰 사진을 선별했다. 서울을 알아야 대한민국을 알 수 있듯이 평양을 알아야 북녘을 알 수 있기 때문이다. 북녘에서 평양과 지방 사이에, 도시와 농촌 사이에는 삶의 질과 경제 여건에서 큰 차이가 있다. 이를 고려해 간간이 지방과 농촌의 생활을 보여주는 사진도 배치했다. 그럼에도 분명한 것은 평양 시민들의 생활을 알아야 북녘의 사회 운영 원리를 제대로 파악할 수 있다는 점이다.

둘째는 북녘의 일상생활을 중심으로 평양 시민들의 '요람에서 무덤까지' 전 생애를 파악할 수 있도록 했다. 이를 통해 우리와 다른 북녘 사람들의 '생애사'를 엿볼 수 있을 것이다. 다만 북녘 주민들의 일상생활에서 중요한 영역을 차지하고 있는 군대생활이 빠져 있어 아쉽다.

북녘에서 사진을 찍을 때 일일이 허락을 받지 못한 경우가 대부분이다. 다짜고짜 카메라를 들이대고 양해를 받지 못한 상태에서 찍은 사진을 싣는 것에 대해 이번 기회를 빌어 북측 분들에게 송구한 마음을 전하고자 한다. 비록 제한적인 범위에서 찍은 사진이지만 모쪼록 이 사진들이 북녘의 일상생활을 객관적으로 이해하는 데 디딤돌이 되기를 기대해 본다.

2013년 6월 25일 **정창현**

"북녘 주민들의 생활이 정감 있게 다가옵니다"

이재정 전 통일부장관

2000년 첫 남북정상회담이 열린 지도 13년이 지났습니다. 2000년 6·15공동선언 발표를 기점으로 우리 사회의 통일 교육은 괄목한 만한 변화를 이루었습니다. 우선 통일 교육의 목표와 방향이 바뀌었습니다. 교육의 목표가 안보·체제 우위에서 남북 상호 이해와 협력·민족 공동체 지향으로 변화됐고, 교육 방향 또한 남북의 화해와 협력을 바탕으로 평화 공존과 평화 통일을 지향하는 것으로 대체됐습니다.

그러나 분단 이후 반세기가 넘는 동안 남북정상회담이 이제 겨우 두 차례 성사됐을 정도로 남북 관계가 확고한 평화 공존의 단계로 진입하기 위해서는 여전히 갈 길이 멉니다. 북녘의 여러 상황이 남녘과 다르듯 북도 남이 여러 가지로 자신들과 다르다는 것을 이해하고 있습니다. 서로간에 '다름'을 이해하지 않고서는 남북 대화도 힘들고, 남북 주민들의 만남에서도 마음을 열기가 어렵습니다. 남북관계에서는 어떤 정책도 남북 간의 상호 이해 없이 일방적으로 할 수 있는 것은 없습니다. 남북 간 상호 존중의 자세에서 대화를 복원하고, 대화할 수 있는 환경을 만드는 것이 대단히 중요하다고 봅니다. '역지사지'의 자세를 가져야 한다는 것입니다.

통일 교육도 마찬가지입니다. 특히 통일 교육의 한 축인 북녘에 대한 이해도 기본은 역지사지의 입장과 '다름'의 이해입니다. 물론 한반도 통일을 완성하기 위해서는 이제 국제적 협력이 필수적입니다. 한반도 비핵화와 동북아평화체제 구축을 논의하는 6자회담은 남과 북의 주체적 노력뿐만 아니라 주변국과의 대화와 협력이 수반되어야 한다는 점을 잘 보여줍니다. 그러나 통일 과정을 주도하는 것은 역시 남과 북이 되어야 하고, 주변국들의 개입을 최소화해야 합니다. 그래야 우리가 구상하는 바람직한 통일 국가를 완성할 수 있습니다.

그런 점에서 화해협력의 대상이자, 통일의 동반자인 북녘 사회를 선입견 없이 파악해야 합니다. 북녘 사람들이 어떻게 살고 있고, 남과 북의 '같음'과 '다름'이 무엇인지를 이해해야 합니다. 그것이 대화와 협력의 첫걸음입니다.

그 동안 통일 교육의 일환으로 진행된 '북녘 사회 이해'는 대중성보다는 '이념지향적'으로 치우친 감이 없지 않았습니다. 그러다 보니 '통일 교육은 재미없고 어렵다', '북녘 사회 이해에 새로운 내용이 없다'는 평가가 나오기도 했습니다. 이런 점을 극복하기 위해서는 통일 교육을 지속적으로 다양하게 진행할 수 있는 콘텐츠와 프로그램이 개발되어야 합니다.

그런 점에서 북녘 주민의 생활을 생생하게 담은 사진집이 출간되는 것은 대단히 반가운 일입니다. 이번에 출간되는 사진집에는 어려운 여건에서도 그들 나름대로 일상을 살아가는 북녘 사람들의 생활이 정감 있게 담겨 있습니다. 이 사진집이 남북의 화해와 통일에 기여하고, 통일 교육 현장에서 널리 참고자료로 활용되었으면 하는 바람입니다.

contents

contents

출산

평양산원에서는 한 해에 평균 1만 5,000명의 아이들이 태어난다고 한다.
산모는 정상 해산의 경우 1주일, 수술 해산일 때는 2주일,
다른 병을 치료해야 할 때는 완전히 치료된 뒤에 퇴원한다.
평양시에 거주하는 여성의 첫 아이는 다 평양산원에서 출산한다.
평양산원은 아이를 낳고, 산모가 치료를 받는 단순 산부인과병원이 아니다.
산부인과 분야의 전국적인 치료 및 예방과 기술방법적 지도, 과학연구, 임상교육 등을
총괄하며, 치료활동뿐만 아니라 치료장비 및 약품을 자체생산하기도 한다.
산부인과 전문 연구와 의사를 배출하는 기능도 맡고 있다.

희망을 낳았어요

북녘 여성의 친정집 평양산원

2007년 5월 평양산원에서 산모가
갓 태어난 아이를 다정하게
바라보고 있다. 평양산원에서는
태어난 아이를 산모와 함께 있게 한다.

새해 첫 고고성

새해 첫날, 어김없이 떠오른 태양과 함께 모두의 축복 속에 태어난 아이의 고고성(呱呱聲)도 힘차게 울린다. 북을 대표하는 산부인과 전문병원 평양산원에서는 새해 첫날 통상 40명 안팎의 새 생명이 태어난다. 저출산의 시대에 아이는 희망이자 축복이다.

평양산원 입구의 대기실은 초조한 얼굴의 젊은 남성들로 항상 만원이다. 아내의 해산을 기다리는 세대주(남편)들이다. 산모가 해산하면 병원 직원이 그 곳에 나와 결과를 알려준다.

"사내아이입니다"란 이야기를 들은 얼굴에 함박웃음이 핀다. 아버지들은 겉으로는 아들도 딸도 좋다고 하는데 속으로는 여전히 아들 낳는 것을 선호한다고 한다.

가족들은 병원 1층에 있는 면회실로 와서 폐쇄회로 텔레비전을 통해 아기와 첫 대면을 한다. 평양시에 사는 산모는 대부분 평양산원에 와서 출산한다. 첫 해산이 제일 어렵기 때문이란다. 지방에 사는 임신부들도 거주지 병원에서 산전 검사를 받다가 이상이 발견되면 평양산원으로 이동돼 치료를 받는다.

또 북에서는 쌍둥이가 태어나는 것을 국가적인 길조라 하여 쌍둥이를 임신하면 대부분 평양산원으로 옮겨 산모의 출산 과정을 관리한다. 북에서는 의사담당구역제를 실시하고 있다. 동 및 리급 병원과 진료소들의 호담당의사들이 가족계획 상담과 임신부의 정상적인 건강관리 등을 책임진다.

북의 모든 리인민병원에는 100%, 리진료소에는 90% 수준에서 해산실이 마련돼 있다. 여성들은 임신 기간에 17회, 해산 후에는 5회의 검진을 받는다.

정기 진료를 마친 산모가
어머니의 손을 잡고
평양산원을 나오고 있다.

1. 아이와 함께 진료를
   받으러 온 평양의 여성들이
   진료를 기다리고 있다.

2. 외래환자들은 산원 입구에 있는
   접수대에서 등록해야 한다.

3. 진료를 받으러 온 산모가
   산원의 의사와 상담을 하고 있다.

1. 산모와 태아의 건강을 위해
   초음파 검사를 실시하고 있다.

2. 산후에 산모가 온열치료를 받고 있다.

3. 가족들이 병실로 찾아와
   아이를 낳은 산모를 축하하고 있다.
   산후조리는 산모의 의사에 따라
   친정에서 하기도 하고
   시집에서 하기도 한다.
   인민반(남측의 통, 반과 같은
   행정조직)에 같이 사는 사람들 중
   직장에 나가지 않는 부인들이
   산모의 집에 와서 돌봐주는
   경우도 많다고 한다.

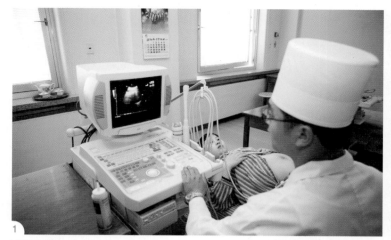

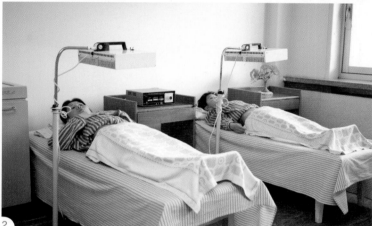

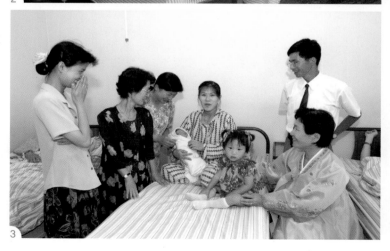

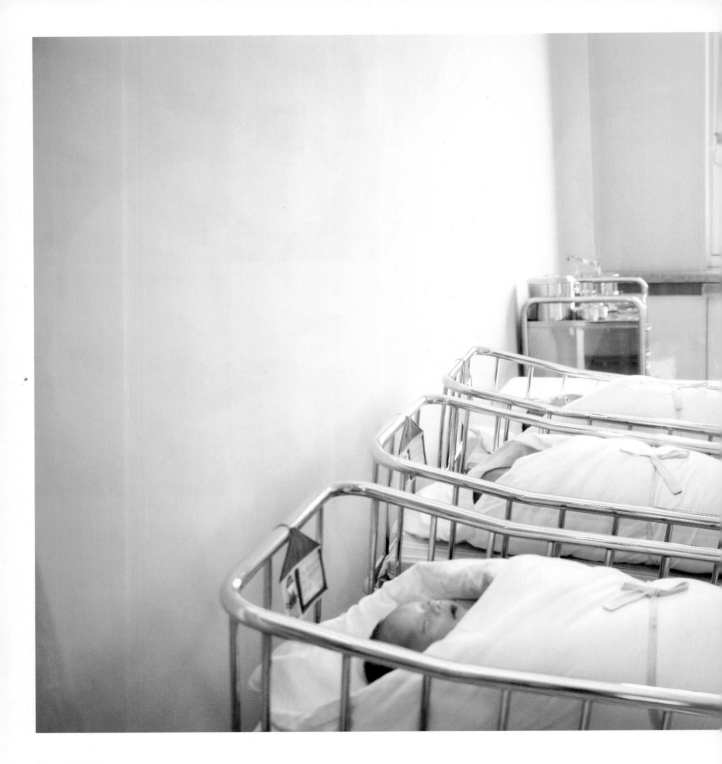

평양산원에서 태어난 세 쌍둥이를 간호원들이
돌보고 있다.
북에서는 쌍둥이를 특별 배려한다.

아동 친화 병원

평양시 대동강구역 문수거리에 자리 잡은 평양산원은 최대의 부인과전문 종합병원이자 산부인과 의료진을 양성하는 역할을 한다. 1980년 7월에 개원했는데, 1,500여 개의 병상과 400명의 의사, 500명의 조산원과 간호원을 보유하고 있다. 2층에는 실험실과 검사실이 있고, 산과, 애기과, 부인과 외에도 치과, 안과, 비뇨기과, 내과 등의 전문과가 있어 산전 산후에 종합적 치료를 받을 수 있다. 4층부터는 입원실. 산모와 아이가 함께 있는 것이 좋다고 하는 '모자동침'의 원칙에 따라 아이들은 태어나자마자 엄마 품에 안긴다. 평양산원은 유엔아동기금으로부터 '아동친화병원'으로 지정돼 있다. 출산한 산모의 입원 기간은 정상분만의 경우 1주일, 수술분만일 때는 2주일이다. 하지만 아이의 몸무게가 4kg이 넘지 않으면 퇴원이 안 된다. 북의 제왕절개 수술률은 12% 내외로 낮은 편이다.

북의 총산생률(출산률) 수치는 1993년에 인구유지 수치인 2.1명이 됐고, 현재는 2.0명 정도로 낮아졌다. 출산율 감소 현상은 북에도 나타나고 있는 셈이다. 북의 조사에 따르면 자식이 없는 경우 여성들이 원하는 자식의 수는 2명 정도다. 특히 도시에서는 거의 1명, 기껏해야 2명이다. 그래서일까? 북에서는 세 쌍둥이, 네 쌍둥이가 많이 태어나는 것을 '나라가 흥할 징조'로 보는 풍조가 있다. 다산도 적극적으로 장려하고 있다.

한 세대에 3명 이상의 어린이가 있을 때에는 어린이용 상품과 학용품 값의 50%를 국가가 지원해 주고, 4명 이상인 세대에는 특별보조금을 준다. 아이들이 미래의 희망이기 때문이라고 한다.

평양산원에서
아이를 출산한 산모가
신생아를 어루만져보고 있다.

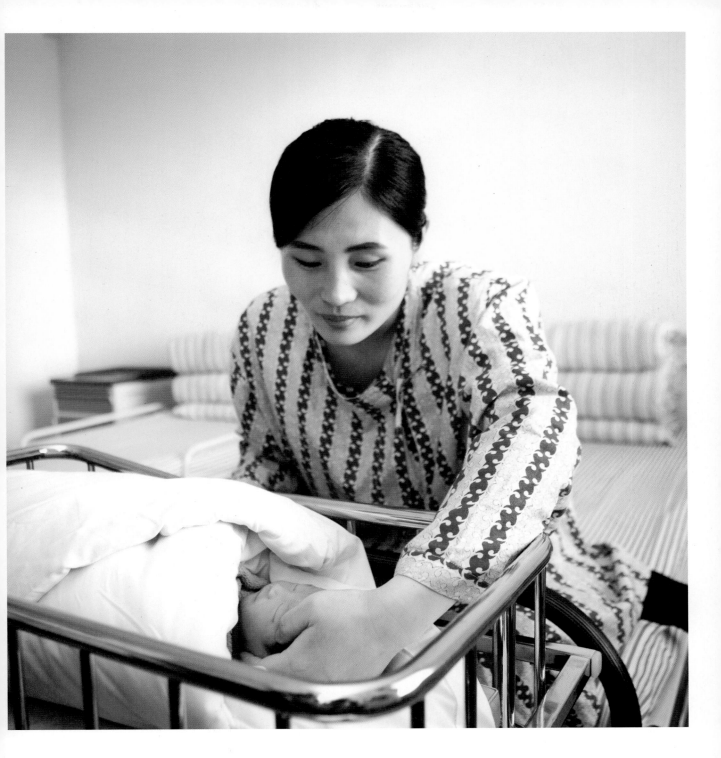

186번 아이. 갓 태어난 아이는
이름이 지어지기 전까지
번호표가 붙는다.
사내아이를 낳은 한 여성이
아이를 보며 환하게 웃고 있다.

북녘에서 아이들에게 불러주는 노래

태여나 처음으로 눈에 익힌 어머니 얼굴
아기가 반기는 이 세상 전부이라네
아~ 어머니 있으면
아기는 언제나 어머니 있으면 마음을 놓네

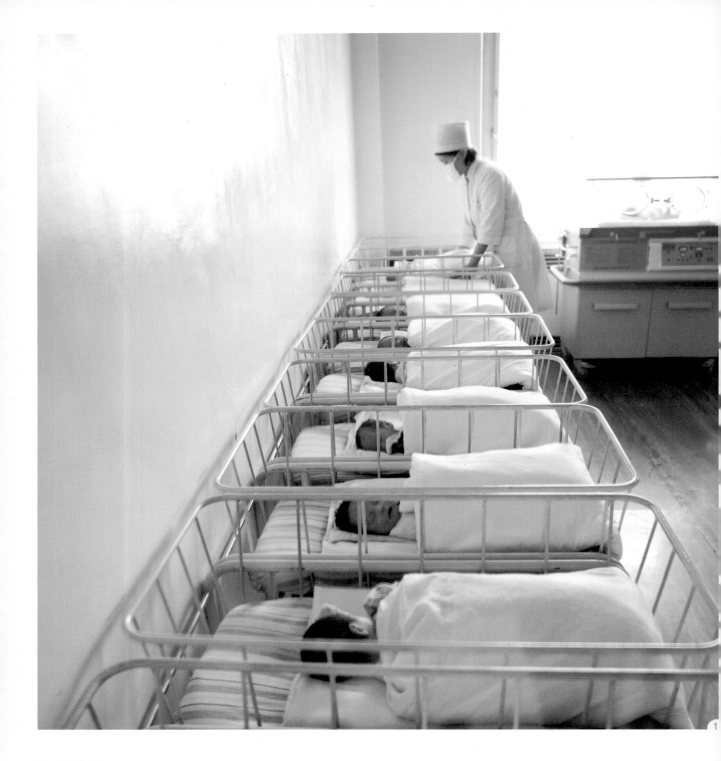

1. 평양산원의 간호원이
   아이들을 돌보고 있다.
   미숙아들은 정상적인 체중이 될 때까지
   보육기(인큐베이터)에서 자란다.

2. 건평 6만㎡, 침대 1,500대를 갖춘,
   평양 문수거리에 있는 평양산원 전경.

3. 면회를 하러 온 가족들이
   화상면회를 통해 태어난 아이를
   보고 있다. 평양산원은 산모와
   신생아의 감염을 막기 위해
   화상면회 시스템을 도입하고 있다.

4. 평양 이외에 지방의 주요 도시에도
   산부인과 종합병원인 산원이
   설치돼 있다. 사진은 함경북도에 있는
   오산덕 기슭에 있는 회령산원으로
   1995년에 문을 열었으며,
   연건평 4,000㎡에 3층의 본건물과
   부속건물로 되어 있다.

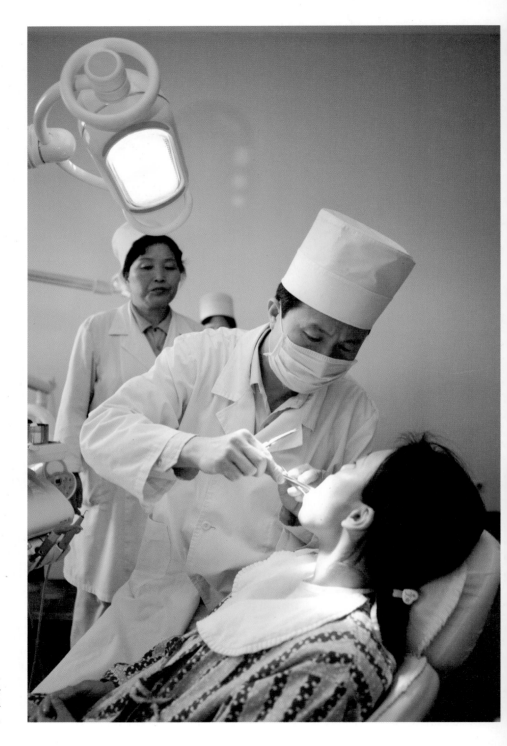

산모가 치과 치료를 받고 있다.
평양산원에서 산모는
아이를 낳은 후에도
여러 가지 치료를 받는다.

김성희
평양산원 원장

"평양의 첫 아이는 다 산원에서 태어납니다."

김성희 원장은 1961년 평양의학대학을 졸업한 후 1980년 평양산원 개원 때 이곳에 배치됐고, 부인과 의사, 산과 의사, 과장을 거쳐 2004년에 원장에 취임한 북녘 의료계의 지도급 인사다.

"북에서는 처음 임신했다고 생각되면 먼저 각 구역에 있는 진료소부터 갑니다. 매 구역별로 담당 의사들이 있지요. 거기서 초보적으로 진단해 임신 판정이 나면 임산모 차트가 만들어집니다.

그후 열 번 정도 정기적인 검진을 받게 되고 마지막으로 산원으로 옵니다. 물론 검진 과정에서 이상이 있던가 하면 바로 산원으로 보내지죠. 평양의 산모들은 첫 아이들을 산원에서 낳습니다. 그 다음에 둘째, 셋째 아이도 아래단위에서 처리하기 힘들거나 이상이 예견되는 조짐이 있으면 평양산원에 와서 해산하죠.

예정일 앞두고 1~2주 전부터 산원에서 해산하게 될 사람들을 장악합니다. 장악해서 해산이 언제쯤 예견된다 하면 한 2~3일 전부터 입원시키죠. 그리고 해산 후 1주 정도 있다가 이상 없으면 퇴원시킵니다.

1주 동안 산모들은 병원에서 자궁 수축이 잘 되는가 봐주고, 그 다음에는 몸 관리도 봐주죠. 만약 제왕절개 하는 경우에는 봉합했던 실도 뽑아 주고, 의료 처치를 해줍니다.

아이가 태어나면 어머니하고 같이 지내게 합니다. 나서부터 어머니 품에 있으니까 좋습니다. 북에서는 모유 수유를 기본으로 합니다.

사정이 있을 경우 중절수술도 합니다. 대개 중절은 산모의 의사에 따라서 있기는 있는데, 강요는 안 합니다. 하지 말라 이렇게는 안하고 의학적으로 보고 의학적 대상자라고 판단되면 합니다."

탁아소

북녘에서는 일찍부터 탁아소 제도가 뿌리를 내렸다.
현재는 여성들이 자녀에 대한 걱정 없이 직장에 다닐 수 있도록
전국의 모든 동(洞), 공장·기업소,
협동농장별로 탁아소가 설립돼 있으며 규모에 따라
여러 개가 설치돼 있는 곳도 있다.
탁아소는 아동 연령에 따라 젖먹이반(1개월~6개월), 젖떼기반(7개월~18개월),
교양반(19개월~36개월), 유치원 준비반(37개월~48개월)으로 구성돼 있다.

예절과 도덕을 잘 지킬 아이로 키워요

생후 첫 집단주의 교양 시작

915주탁아소의 보육원이
아이들과 줄다리기를 하고 있다.

지능계발과 영양관리에 역점

북의 탁아소는 중앙부터 지방까지 일관된 관리운영체계에 따라 모든 보육교양사업이 정규화, 규범화되어 있다. 어린이의 생후 개월 수에 따라 한 방에 2명의 보육원을 두고 15~20명을 수용하는데 모유, 이유식, 밥 먹이기, 용변 가리기에 이르기까지 일일이 가르친다. 퇴근이 늦은 여성들을 위해서는 방 하나를 별도로 내서 마지막 남는 한 명까지 돌봐주고 아이들의 지능계발과 영양관리에 중점을 두고 있다. 집단주의 생활에 익숙하게 하고, 관습·예절 교육에도 신경을 쓴다.

북의 탁아소에 가보면 여러 명의 아이들이 다양한 놀잇감을 가지고 그림맞추기(퍼즐맞추기), 소리듣고 알아맞히기, 만져보고 알아맞히기, 셈세기 등 다양한 지능놀이를 하고 있는 모습을 쉽게 볼 수 있다. 이러한 놀이를 통해 사물현상에 대한 아이들의 지능을 계발시키고 사고력과 관찰력을 키워주는 것이다.

또 탁아소에서는 하루 세끼 식사 외에 오전과 오후에 새참시간을 정하고 빵, 우유, 사탕, 과자, 과일을 공급한다. 물론 간식의 종류와 양은 탁아소의 여건에 따라 천차만별이다. 북의 탁아소 운영에서 가장 주목을 받는 부분은 직장여성들이 근무시간에도 자녀들에게 모유를 먹일 수 있는 체계가 마련돼 있다는 점이다. 산후 휴가를 마친 여성들은 생후 8개월 정도까지 2시간에 한 번씩 20~30분 동안 탁아소에 와서 모유를 먹이고 돌봐줄 수 있다. 이유식을 먹는 1년 정도까지는 오전과 오후 각각 한 차례 탁아소에 와서 자녀를 봐주며 1년 반까지는 하루 한 번씩 다녀갈 수 있다. 탁아소마다 의무실(양호실)과 의사가 배치돼 있고 일본뇌염, 간염, 감기 등 각종 예방주사를 놓아준다.

김정숙탁아소 아이들이 '통신원놀이'를 하고 있다. 보육원의 피아노 소리에 맞춰 어린이들이 "통신원어머니가 기쁜 소식 날라 왔어요"라고 합창한 후 통신원가방을 멘 어린이가 앉아있는 여러 명의 어린이들 중 한 어린이 앞에 가서 "계십니까? 편지가 왔습니다"라고 말하며 편지를 준다. 그러면서 편지를 받는 어린이에게 "어디서 사십니까"라고 물으면 그 어린이가 자기 집주소와 어머니의 이름을 또박또박 이야기한다. 편지를 받은 어린이가 "고맙습니다"라고 인사를 하면 우편가방을 멘 어린이는 "안녕히 계십시오"라고 답례를 하고 자기 자리에 가서 앉는다.

1. 김정숙탁아소의 아이들이
   야외 놀이터에서 놀고 있다.

2. 915주탁아소의 어린이 침실.

3. 915주탁아소의 어린이들이
   그림 맞추기를 하고 있다.

개선탁아소 보육원들이
탁아소 내의 시설물들을 점검하고 있다.
북의 탁아소에서는 '통신원놀이'와 같은
가정생활이나 일상사회생활을 반영한
각종 놀이들을 통해 어린이들이
어려서부터 예절과 도덕을
잘 지킬 줄 아는 착한 어린이가 되도록
보육교양하고 있다고 한다.

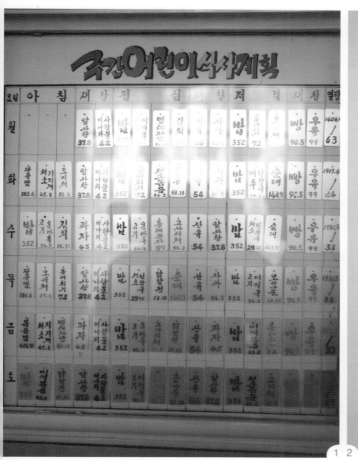

NO	주별	놀이 제목	
1	1주	개별놀이	아동영화
2	2주	셈세기놀이	아동영화
3	3주	맞추기놀이	아동영화
4	4주	조별놀이	아동영화

1. 915주탁아소의
주간 어린이 식단 계획표.

2. 김정숙탁아소의 월 운영계획표.
주로 놀이와 영화 감상으로
짜여 있다.

김정숙탁아소의 악기실에서 색동옷을 입은 여러 명의 어린이들이
방문객을 위해 각종 악기로 연주를 하고 있다.
노래 실력이나 아이들의 악기 다루는 솜씨가 제법이다.
북의 탁아소에서는 예술적 재능이 있는 어린이들에게 여러 가지 악기를
가르쳐 독주, 기악중주를 비롯한 다채로운 공연들을 많이 하여
탁아소를 찾는 국내 손님들은 물론 남쪽, 해외동포들과 외국인들을
기쁘게 해주고 있다고 한다.

1. 색동옷을 입은 김정숙탁아소 어린이가
   피아노를 연주하고 있다.

2. 노래 배우기 시간.
   보육원들의 반주에 맞춰
   김정숙탁아소 어린이들이 손뼉을 치며
   노래를 부르고 있다.

3. 무용 시간.
   김정숙탁아소 어린이들이
   보육원의 동작에 따라
   춤을 배우고 있다.

김정숙탁아소의 '맞추기놀이' 시간.
아이들이 각종 모형들을 맞추며
즐거운 시간을 보내고 있다.

1. 김정숙탁아소 전경.
   이 탁아소는 평양시 모란봉구역
   안상택거리에 있다.
   김정숙탁아소는 4개 동으로
   되어 있는데, 총부지면적은 6,800여㎡,
   건물의 연건평은 7,646㎡이며,
   한 해에 500여 명의 어린이들을 받아
   보육교양한다.
   김정숙탁아소는 주탁아소로
   평양시의 모란봉구역, 대성구역,
   서성구역에 거주하는 직업여성들이
   아이를 맡긴다. 평양시에는
   몇 개 구역을 묶어 지구단위로
   주탁아소가 설치돼 있다.
   탁아소 운영 비용은 국가와
   사회단체에서 부담토록 헌법에
   명시하고 있다.

2. 김정숙탁아소의 개별 놀이 시간.
   방문객들이 지나가자 손을 들어
   인사를 하고 있다.

3. 915주탁아소 어린이들이
   모형 전차 '조국통일호'를 타며
   놀고 있다.

1. 9·15주탁아소의 보육원과 아이들이
   탁아소 입구에 나와
   방문객들을 환송하고 있다.

2. 토요일 오후 김정숙탁아소에
   맡겨둔 아이를 직장에서 퇴근한
   어머니가 데려가고 있다.

"아이들을 키워내는 사업이 내 적성에 맞아요."

김정숙탁아소의 전신은 1948년 2월 15일에 문을 연 '3·8탁아소'다. '3·8'이란 명칭은 3월 8일이 국제부녀절이기 때문이다. 3·8탁아소는 1988년 4월 새로 증축한 후 김일성 주석의 부인인 '김정숙'의 이름을 따 지금의 명칭으로 바뀌었다.

리현주
김정숙탁아소 소장

▶ 이 탁아소에는 주로 어떤 사람들이 아이들을 맡깁니까?

"모란봉구역, 대성구역, 서성구역 등에 거주하는 근로여성들의 어린이들, 특히 출장이 잦은 여성기자, 예술인, 교원, 의사 등의 어린이들을 매주 월요일에 맡고 토요일에 돌리는 것을 기본으로 하나, 필요에 따라 몇주일 또는 몇 달씩 되는 장기출장 전 기간에 맡아 키웁니다."

▶ 20년 넘게 소장직을 맡고 계신데 보육사업을 하게된 특별한 계기가 있었나요?

"김철주사범대학을 나온 후 보육원학교 교원으로 일하게 됐는데, 보육원을 가르치다 아이들과도 인연을 맺게 됐지요. 아이들을 키워내는 사업이 내 적성에 맞는 것 같습니다."

▶ 탁아소에서 아이들을 돌보는 보육원은 어떻게 양성됩니까?

"탁아소 보육원들은 통상 평양과 각 도에 있는 보육원학교에서 1년 동안 교육을 받고 배치됩니다. 보육원이 된 후에도 3년마다 재교육을 받게 되지요. 보육원 교육과정에서는 보육학, 위생학, 영양학, 생리학, 아동심리학을 비롯한 보육교양에 필요한 전문지식을 익힙니다."

▶ 탁아소 아이들이 아직 철이 없기 때문에 말을 잘 듣지 않는 아이들도 있을 것 같은데요?

"간혹 그런 아이들이 있습니다. 그런 아이들은 잘 하는 행동에 대해 칭찬을 해서 교양을 주는 방법을 쓰거나 잘못된 행동에 대해 비판을 주는 방법을 병행하지요."

▶ 아이들을 돌보는 사업에서 가장 역점을 두고 있는 것은 무엇입니까?

"아이들의 지능개발과 영양관리에 힘을 넣고 있습니다. 민속놀이 등을 통해 우리 것의 소중함을 알려주고 장려하고 있으며, 관습·예절 교육에도 신경을 쓰고 있습니다."

▶ 아이들의 지능개발을 위해서는 어떤 교육방법을 쓰는지요?

"(지능놀이실에서) 보시다시피 여러 명의 아이들이 다양한 놀잇감을 가지고 그림맞추기, 소리듣고 알아맞히기, 만져보고 알아맞히기, 셈세기 등 여러 가지 지능놀이를 하고 있습니다. 이러한 놀이를 통해 사물현상에 대한 아이들의 지능을 계발시키고 사고력과 관찰력을 키워주고 있습니다."

▶ 그러면 아이들의 영양·건강관리는 어떻게 합니까?

"우리 탁아소에서는 하루 세끼 식사 외에 오전과 오후에 새참시간을 정하고 빵과 우유, 사탕, 과자, 과일을 공급합니다. 또한 매끼마다 과학적인 식사차림표를 만들고 매일 한끼는 특식으로 국수, 떡, 꽈배기, 비빔밥, 고기완자국을 비롯한 여러 가지 음식을 해먹임으로써 가정에서보다 더 잘, 더 다양하게, 더 맛있게 영양을 섭취하도록 노력하고 있지요.

그리고 매달 매 어린이들의 키와 체중을 계측하는 사업을 정상화하고 있으며, 어린이들에 대한 건강검진사업을 주기적으로 진행해 아이들이 걸릴 수 있는 병들에 대한 예방대책을 철저히 세워나가고 있습니다. 우리 탁아소에는 5명의 전담 의사가 소속돼 있습니다."

유치원

북녘에서는 일찍부터 탁아소와 함께 유치원 제도가 뿌리를 내렸다.
북의 유치원은 일(日)유치원, 주(週)유치원, 10일유치원으로 구분된다.
일유치원은 동과 리·기관·기업소마다에,
주유치원은 주요 공업지역과 도시에서 교원·기자 등
출장이 많은 여성들의 자녀들을 대상으로 한다.
10일유치원은 각 협동농장에 설치되어 있다.

집단생활 하면
지능이 높아집니다

취학 전 어린이들의 보금자리

지방의 한 유치원 어린이들이
그림을 그리고 있다.

국가가 탁아소·유치원 운영

5살이 되면 유치원에 들어간다. 북의 유치원은 매년 4월 1일 일제히 개원식을 진행한다. 부모들의 등에 업혀 또는 손목을 잡고 탁아소에 가던 어린이들이 이제는 배움의 교정에 당당히 들어서서 가정과 사회의 관심 속에 자립성, 독자성을 키워나간다.

첫 수업은 유치원의 이름과 구조, 유치원에서 지켜야 할 생활질서와 하루 일과를 알려주는 것이다. 원래 유치원 수업은 부모가 참관할 수 없지만 자식 걱정으로 마음을 놓지 못하는 부모들을 위해 첫 시간 반만 공개하고 있다.

유치원 시절은 지적 발전이 시작되는 시기. 북에서는 어린이들에 대한 보육과 함께 학교 교육의 기초를 닦아주는 데 중점을 두고 있다. 부모들의 손을 잡고 8시에 유치원에 나오면 12시까지 오전 교육을 받은 후 2시간 동안 점심시간이고, 2시부터 6시까지 오후 교육이 이뤄진다.

오전에는 '셈배우기' '글자배우기' 등 교양교육 중심이고, 오후에는 무용·체조·악기 등 예체능 중심으로 가르친다. 한 반은 24명 정도. 낮은반 어린이(5살)들은 주로 노래와 춤을 통한 몸 단련과 정서교육이 중심이다. 의무교육이 시작되는 높은반 어린이들은 노래와 춤, 우리말과 셈세기 교육, 사회주의 도덕교육을 중요한 내용으로 가르친다.

"집단생활을 하면 어린이들의 지능이 높아집니다. 하나를 선생이 배워주면 아이들끼리 서넛을 배웁니다."

북녘을 대표하는 평양 창광유치원 관계자의 말이다. 창광유치원의

수업 시간 중
선생님의 질문에 큰 소리로
대답하고 있는 청산협동농장
유치원 아이들.

조기음악반이 운영되는 평양음악학원부속인
경상유치원의 2006년 4월 1일 입학식.
입학식 후 갖는 첫 수업에서는
유치원의 이름과 구조,
유치원에서 지켜야 할 생활질서와
하루 일과를 알려준다.

1. 창광유치원의 주간 시간표.

   말과 셈세기, 노래와 춤이 주요
   교육내용이다. 착한 일을 한
   어린이에게 별점을 주어 경쟁을
   유도하는 상황판이 흥미롭다.
   북 유치원에서는 매일 착한
   어린이들에게 색종이로 만든
   '붉은 별'이란 것을 달아주는데,
   어린이들이 서로 붉은 별을 많이
   타기 위해 경쟁하다 보니, 그것을
   '붉은 별 타기 경쟁'이라고
   부르곤 한다.

2. 유치원 교양원들이 수업 방향에 대해
   의견을 나누고 있다.

3. 유치원 교양원들이 각종 교재를
   점검하고 있다.

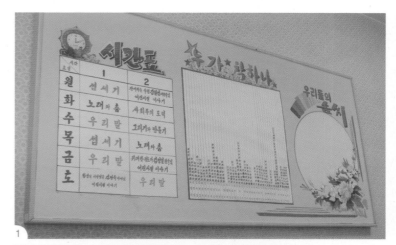

현관문에는 교양원들의 지향을 보여주는 문구가 걸려 있다.

"부모들은 자식을 유치원에 맡겨놓고 출장을 갔지만 사실은 당의 품에 맡겨놓고 간 것이나 다름없습니다. 그러니 우리가 잘 가르쳐야 합니다."

북에서도 변화 발전하는 현실적 상황에 맞게 유치원시절부터 지적 능력과 문화적 소양을 더 높이기 위한 노력을 기울이고 있다. 그 일환으로 깨우쳐주는 방법을 위주로 한 지능교육과 다매체편집물(CD) 활용을 통한 교양에 힘쓰고 있다고 한다.

평양 청류제1유치원의 한 관계자는 "유치원시절은 지덕체(지식·도덕·체력)를 다지는 첫 단계이다, 기초를 잘 닦아야 학교에서도 사회에 나가서도 제구실을 할 수 있다"고 말했다. 북녘에도 부모가 없는 고아들이 있다. 이 아이들은 4세 미만은 육아원, 4~5세는 애육원에서 별도로 교육을 받는다. 북에서는 육아원과 애육원을 "부모의 보살핌을 받을 수 없는 어린이들을 국가가 맡아 키우는 보육교양기관"이라고 성격을 규정하고 있다. 육아원과 애육원은 먹고 자고 교육받을 수 있는 시설이 같이 있다. 육아원은 전국 12개 시도에 14개, 애육원은 전국 12개 시도에 1개씩 총 12개가 설치돼 있다.

2012년 새로 교사를 건설해 문을 연 경상유치원의 모습.

1. 비디오를 보며
동영상 수업을 하고 있는
청산협동농장 10일유치원
아이들과 교양원.

2. 창광유치원 어린이들이
운동장에서 씨름을 하고 있다.
표정이 자못 진지하다.

청산협동농장
유치원 아이들이
선생님의 반주에 맞춰
율동을 하고 있다.
유치원생들은 8시에
유치원에 나오면
12시까지 오전 교육을 받은 후
2시간 동안 점심시간이고,
2시부터 6시까지
오후 교육이 이뤄진다.
오전에는 주로
'김정일원수 어린시절',
'셈배우기', '글자배우기' 등
교양교육 중심으로 진행하고 있고,
오후에는 무용·체조·악기 등
예체능 중심으로 가르친다.

1. 남포특별시 강서군 청산협동농장
   유치원의 외부 전경.
   이 유치원의 원아는 170명 정도
   (청산협동농장의 전체 인원은
   2,500여 명이다)이고,
   낮은반이 3반,
   높은반이 3반으로 되어 있다.
   한 반에 30~40명의 어린이들이
   배우고 있다.

2. 청산협동농장 유치원 아이들과
   선생님이 다양한 교재를 이용해
   수업하고 있다.

3. 청산협동농장 유치원
   낮은반 어린이들이 교양원의
   질문에 답하고 있다.

1. 유치원 졸업식.
1년 간 배운 것 중 자기가
제일 잘하는 특기자랑을 하나씩 하면
졸업식이 끝난다.
교양원과 어린이들이 장기자랑이
끝나자 박수를 치고 있다.

2. 평양 경상유치원의
졸업식 모습.

북의 어린이날 국제아동절

북에서 남쪽의 어린이날에 해당하는 것이 6월 1일의 국제아동절이다. 이날 북의 어린이들은 같은 구역끼리 모여 학교 운동장에서 체육대회를 하거나 들놀이(소풍)를 간다. 보통 봄이나 가을의 들놀이와는 별도로 이날을 이용하여 산이나 물가로 들놀이를 떠날 경우에는 집에서 싸온 도시락을 먹으며 야외에서 각종 경기를 하며 논다.

보통은 체육대회를 하는 경우가 많다. 체육대회는 각 구역별 유치원이나 소학교 어린이들이 모두 모여 참가한다. 각 유치원이나 소학교 대표 어린이들이 출전하여 줄다리기, 개인달리기, 이어달리기, 자전거경기 등으로 서로 실력을 비교하고 뽐낸다.

국제아동절 행사에는
평양주재 외교관들의 아이들도 참가한다.
모란봉 잔디광장에서 평양과
외국 어린이들이 줄다리기를 하고 있다.

1. 평양의 구역별 대표로 나온
어린이들이 구역 이름을 가슴에 달고
경기를 하고 있다.

2. 국제노동절 행사에 참가한 유치원생들이
행사에 앞서 율동체조를 하고 있다.

국제아동절을 맞아 각종 장식을
하고 소풍을 나온 아이들.

1. 엄마와 함께 즐거운 식사를
   하고 있는 창광유치원 아이들.

2. 창광유치원의 아이들이 가족들과 함께
   준비한 도시락을 먹고 있다.

3. 소풍을 나온 창광유치원 아이들이
   놀이기구를 타며 즐거워하고 있다.

리강죽
경상유치원 원장

"아동 조기음악교육은
우리한테 배우라고 당당히 말합니다"

평양의 경상유치원은 조기음악교육기관으로 유명하다. 북은 1979년 김정일 국방위원장의 지시로 음악대학 학생 선발을 위한 조기교육 체계를 세우고, 경상유치원을 비롯한 몇몇 유치원에 음악반을 설립했다. 경상유치원에서는 피아노와 소해금, 대해금, 그리고 첼로를 기본으로, 그 외에 다른 여러 분야의 인재들도 키워내고 있다.

▶ 대체로 어느 정도의 교육을 합니까?
"2년 동안에 국가적인 과정안에 의해서 청음은 3화음정도, 최고 7화음까지 절대음감이 배기게 하며, 실기는 세계적 수준의 연주가를 키우기 위한 전문교육의 기초를 닦아줍니다. 이렇게 교육을 해서 다음 단계인 예술학원에 보냅니다. 돌이켜보면 조기교육 체계가 선지 30년이 되어오는데 이렇게 키운 아이들이 음악계의 중추를 이루고 있습니다."

▶ 정규적인 조기음악교육이라는 말도 북에만 있는 듯 한데요.
"그렇습니다. 일찍이 하면 할수록 좋은 것이 음악교육입니다. 어려서 머리에 박힌 절대음감은 연주가의 일생동안 절대로 나오지 않습니다. 유치원시기를 놓친 아이는 안됩니다. 세계적으로 아무리 컴퓨터시대라고 하여도 조기음악교육은 컴퓨터로 할 수 없지요. 음악은 사람이 전통적인 교육방법으로 해야 합니다.
우리 유치원의 주반(수재반)에는 한 아이를 교육하기 위하여 일반생활지도를 하는 선생, 청음만 하는 선생, 실기만 가르치는 선생을 포함하여 4명의 선생이 있습니다. 일반반에는 3명의 선생이 있고요. 세계적으로 아동 조기음악교육은 우리한테 와서 배우라고 당당히 말합니다. 5살부터 7살 나이 어린이들을 세계적으로 견주면 자신이 있어요."

▶ 유치원 사업에서 가장 중점을 두는 것은 무엇입니까?

"나는 여기에 와서 첫째로 실력을 강조하고 기준을 높이 세워주었습니다. 모든 일에 밑천을 불구어나가야 합니다. 어린 아이들을 키우는 교육자일수록 실력이 높아야 합니다. 장난꾸러기 애들에게 음악교육의 첫 신발을 신기는데 어찌 그것이 쉬운 일이겠습니까. 인재가 인재를 키웁니다. 문제는 재능 있는 어린이를 키워주는 교양원이 기본입니다."

▶ 조기음악교육에서 우선 해결해야 할 것은 무엇인가요?

"물론 많은 것을 해결해야 하지만 무엇보다 먼저 첫 소리를 내는 것부터 배워주어야 합니다. 여기서부터 하늘땅만큼 차이가 납니다. 얼마만한 실력의 교육자가 키우는가에 따라 얼마나 훌륭한 인재가 나오는가가 결정됩니다."

▶ 유치원 사업을 하면서 가장 큰 보람은 무엇입니까?

"순진한 아이들이 통일노래를 부를 때 그들의 얼굴은 더 밝고 명랑해집니다. 아직은 이 세상을 다 알 수 없는 동심들이지만 우리 민족의 숙원이 무엇인지를 아이들은 잘 알고 있습니다.

남녘의 어린이들도 마찬가지일 것입니다. 우리 애들은 6·15 통일시대의 꽃봉오리들입니다. 우리 어린애들의 세대에까지 분렬의 아픔이 지속되어서는 안 됩니다. 이제 애들이 자라 백두산과 한라산에도 함께 오르고 평양과 서울을 오가며 서로 얼싸안고 통일의 기쁨을 누릴 그 날은 반드시 올 것입니다."

소학교

북녘의 초등교육은 4년제(2014년 5년제로 개편) 소학교에서 담당한다.

2002년 인민학교에서 소학교로 명칭이 바뀌었다.

소학교 학생들은 2학년인 만 7세에서부터 13세까지

소년단 활동을 통해 일찌감치 집단주의와 규율을 익혀 나간다.

교과목은 12개 정도로 남쪽과 비슷한데 2008년부터,

소학교 3학년부터 영어와 컴퓨터 조기교육을 실시하고 있다.

북녘의 소학생들은 방학 때도 각종 참관과 야영소, 생활반 활동으로 바쁘다.

교육시설 현대화, 수재교육 강화

영어와 컴퓨터 조기교육 실시

평양 중구역 대동문동에 있는
김성주소학교의 입학식 모습.
매년 4월 1일 열리는 입학식 날에는
교사와 학부모뿐 아니라
정부의 고위관료들도 행사에 참석해
학교생활에 첫발을 내딛는
어린이들의 앞날을 축복해 준다.

컴퓨터·영어 조기교육 실시

유치원 2년이 끝나면 가슴 설레는 소학교 입학식이 기다린다. 매년 4월 1일이면 새 교복을 받아 입고 너도나도 앞가슴에 고운 꽃송이를 단 신입생들이 가족과 선생님들의 축복 속에 교문으로 들어선다. 학부모들과 선배들은 학교 입구부터 줄을 서서 색종이를 뿌리며 새내기들을 환영한다. 입학식 때 처음 담임을 맡은 선생님이 계속해서 졸업 때까지 담임을 맡는다. 새 학기에 접어들면 국가에서는 학생들에게 교과서와 학용품을 준다.

한 학년에 학급수는 보통 8~9개 반 정도다. 농촌지역의 경우에 학생수가 적은 곳은 한 학년에 1~2개 반만 있는 학교도 있다. 한 반에는 보통 30~40명 정도의 학생들이 공부한다. 북녘의 소학교는 약 4,800여 개교, 학생은 188만여 명으로 학교당 평균 학생수가 390여명으로 추산된다. 북의 학교는 모두 남녀공학이다.

보통 8시부터 수업을 시작하기 때문에 7시 40분쯤까지는 학교에 도착해야 한다. 45분씩 수업을 하며, 쉬는 시간 10분. 이때 화장실에 갔다 오고, 밖에 나가 제기차기·메깡치기(돌을 세워 놓고 먼 거리에서 맞추어 넘어뜨리기) 등 놀이도 한다. 오전 2시간이 끝나면 모두 운동장에 모이는 체조 시간. 수업과 수업 사이에 한다고 해서 '업간체조'라고 한다. 우리의 국민체조와 비슷한데, 북에서는 주로 '소년 율동체조'나 '건강 태권도'를 한다. 다시 교실로 돌아와 오전 3시간을 다 끝내면 12시 반이나 1시로 점심 시간이다. 북녘은 급식이 없다. 그래서 점심은 대부분 집에 가서 먹는다.

평양 서성구역 장경소학교 입학식 모습. 매년 4월 1일 모든 소학교에서 비슷한 형태로 입학식이 열린다. 4월 1일 입학식을 앞두고 3월 27일부터 예비등교를 실시해 통학 길도 익히고 학급 배치도 받는다. 입학 날에는 가슴에 꽃을 단 신입생들이 모여 입학식을 하고, 담임선생님을 따라 재학생과 교직원, 학부모들이 축하의 꽃종이 세례를 받으며 교실로 들어간다.

1. 김성주소학교 신입생들이
   학교 내에 있는 사적비에 꽃을
   헌정하고 있다.

2. 김성주소학교 신입생들이
   교장선생님들의
   환영사를 듣고 있다.

3. 김성주소학교 교장선생님이
   신입생을 환영하는 담화를 하고 있다.

1. 김성주소학교 입학식에 참석한
   학부모들이 행사를 관심 있게
   지켜보고 있다.

2. 2002년 학교명이 바뀌기 전
   김성주인민학교 시절 입학식 모습.
   할아버지가 입학하는 손자에게
   꽃을 달아주고 있다.

3. 김성주소학교 입학식에서
   한 학부모가 행사 장면을
   비디오로 촬영하고 있다.

첫 수업은 학부모 참관

소학교에서는 '위대한 수령 김일성 대원수님 어린시절' '친애하는 령도자 김정일 장군님 어린시절' '공산주의 도덕', 국어, 수학, 자연, 음악, 체육 등 모두 12개 과목을 배운다. 3학년이 되면 영어와 컴퓨터가 추가되고, 4학년이 되면 력사 과목이 추가된다. 평일 하루 수업은 5시간, 토요일은 2시간 정도다.

개학식 행사 후 학부모가 지켜보는 가운데 첫 수업이 진행된다. 그러나 코흘리개들보다 학부모들이 더 열성이다. 부모는 물론 할머니들까지 나서서 교과서와 공책, 통 등을 꺼내 주고 "선생님의 이야기를 잘 들어야 해." "큰 소리로 대답하라요"라며 야단이다. 그러다 보니 교원들로부터 지적 받는 것은 학생이 아니라 학부모들이다.

장경소학교 허정숙 교장은 "부모들의 열의가 대단하다"면서 최근 "대부분의 가정에서 아이들을 1~2명밖에 낳지 않기 때문에 그런 경향이 두드러지게 나타나고 있다"고 설명했다. 신입생들은 2시간 수업을 하고 부모와 함께 귀가한다.

김성주 소학교 신입생 여학생이
씩씩하게 대답을 하고 있다.

김성주소학교 신입생들이
입학식을 마치고,
가족들이 지켜보는 가운데
수업을 받고 있다.

1. 김성주소학교 신입생들이
   첫 수업시간에 선생님의 질문에
   대답하고 있다.

2. 퍼즐을 이용해 수학적 원리를
   배우고 있는 소학생.

3. 선생님의 설명을 열심히 듣고 있는
   소학교 어린이들.

북은 2012년 9월 25일 소학교 4년,
중학교 6년으로 되어 있던 학제를
소학교(5년), 초급중학교(3년),
고급중학교(3년)으로 기존보다
1년을 연장하는 내용의 교육개혁을
단행했다.

북의 교육 체계			
27			고등 교육
26			
25			
24			
23			
22			
21			
20	대학교		
19	교원대학	고등 전문학교	
18			
17			
16	고급중학교 3년		중등 교육
15			
14			
13	초급중학교 3년		
12			
11			
10	소학교 5년		초등 교육
9			
8			
7			
6			
5	유치원 2년	높은반 1년	취학 전 교육
4		낮은반 1년	
3	탁아소		
2			
1			
나이	북		

2000년 광복인민학교(소학교)
학생들이 입학식을 마치고
국어수업을 하고 있다.

1

2

1. 고려호텔 뒤에 있는 동흥소학교
   학생들이 학교에 가고 있다.

2. 평양의 소학교 학생들이 등교하고 있다.

---

1. 평양 만경대구역에 있는 금성학원 소학반
   학생들이 체육수업 시간에 피구를 하고 있다.

2. 겨울방학 중에 학교에 나왔던 소학교 학생들이
   개선문광장에서 눈싸움을 하다 담임선생님과 함께
   해맑은 표정으로 사진을 찍고 있다.

"야! 즐거운 소풍이다."
평양의 소학교 학생들이
보통강변을 줄지어 걸어가고 있다.

1. 만경대구역 금성학원 소학반 학생들이
   수업을 받고 있다.

2. 만경대구역 금성학원 소학반 여학생이
   음악수업을 받고 있다.

3. 수업을 마친 소학교 학생들이
   개선문 앞 도로를 걸어가고 있다.

4. 고무줄놀이를 하고 있는 여학생 사이로
   한 남자아이가 고무줄을 끊고 달아나고 있다.

4

방과 후 학생소년궁전이나
학생소년회관에서 과외활동

수업을 마친 후 오후에는 학교에서 자체적으로 실시하는 과외활동이나 평양학생소년궁전, 만경대학생소년궁전, 학생소년회관 등 초·중등학생 과외 교육기관에 간다.

평양을 비롯해 각 도와 시·군에 설치돼 있다. 학생들은 여기서 음악·무용·수예·태권도·물리·수학·전자계산기(컴퓨터)·지리 등 각종 소조(동아리)활동을 통해 다양한 과외학습을 받는다.

우수한 지도교사와 최상의 교육시설을 갖춘 평양 만경대학생소년궁전의 경우 한꺼번에 5천여 명의 학생들이 소조활동을 할 수 있는 700여 개의 크고 작은 학습실을 갖추고 있다.

특히 북녘은 예능 교육을 강조해 학교에서 예술 소조 활동을 대대적으로 벌여 학생들이 한 가지 이상의 악기를 다룰 수 있도록 지도한다. 주로 손풍금(아코디언)·하모니카·기타·피리 등의 악기를 배운다. 평양 등 대도시 일부 학생들은 학교나 가정에서 피아노·바이올린·플롯·색소폰 등을 다룰 수 있게 교육한다.

만경대학생소년궁전 학생들은 1주일에 1~2회 공개 공연을 한다. 사진은 2007년 설맞이 공연 모습.

소학교 2학년 때 모두 소년단 가입

소학교에는 반장이나 주번이라는 제도가 없다. 학교의 규율통제는 소년단이 한다. 소학교 학생들은 2학년이 되면 의무적으로 소년단에 가입한다. 소년단은 학생들 스스로 움직여 가는 조직이며, 학생들의 생활과 규율을 이끈다.

남쪽의 어린이회장단과 비슷하다. 소학교 학생들은 모두 가입하게 된다는 점에서 '보이스카우트'나 '걸스카우트'와는 다르다. 소년단원들은 붉은 스카프를 맨다. 성급한 1학년 학생들은 누나, 오빠들의 스카프를 슬쩍 매보다가 꾸지람을 듣기도 한다. 북녘 어린이들은 소년단에 입단하는 것을 대단히 영광스럽게 생각한다. 붉은 넥타이를 매는 순간 '깰학년'(아직 정신적으로 깨우치지 못한 어린 학년)에서 벗어나 어른이 되어 간다는 생각 때문이기도 하다.

소년단 입단은 3차례 정도로 나눠 실시한다. 입단식 행사는 아주 성대하게 치러진다. 어린이들은 한 손에 붉은 표지판의 선서문을 들고 소학교 2학년 음악교과서를 통해 배운 '소년단행진곡'을 부르면서 입장한다. 입장을 하고 나면 선생님들과 열성자 선배님들이 붉은 넥타이를 매어준다. 그리고 나서 "나는 조선소년단에 입단하면서 … 억세게 싸워나가겠습니다"라고 선서한다. 선생님이 "사회주의 건설의 후비대가 되기 위하여 항상 준비하자!"라고 외치면 어린이들은 "항상 준비"라고 하며 오른손바닥을 편 채로 머리위로 세워 올리는 '소년단 경례'를 붙인다. 다시 소년단 행진곡을 부르면서 퇴장하면 입단식이 끝난다.

소년단원이 되면 조직생활을 하게 된다. 매달 마지막 주 토요일에

1. 평양시의 소년단원들이 만경대학생소년궁전에서 설맞이공연에 참여해 노래를 부르고 있다.

2. 소년단 전국대회에 참여한 전국의 소년단 대표들이 단증을 들어 보이고 있다.

창전소학교 2학년 학생들이
소년단 가입 선서를 하고 있다.
북녘에서는 2월 16일, 4월 15일,
그리고 6월 6일 소년단창립기념일
등을 계기로 입단식이 진행된다.

는 학급마다 '생활총화'가 있다. '공부를 더 열심히 하자', '좋은 일하기 운동을 벌리자' 등 학급성원들이 다같이 하는 '공통분공'을 결정한다. 그리고 각자의 성격과 취미에 맞게 '개별분공'도 준다. 소년단원들은 한 달 동안 자기가 맡은 분공(과제)을 수행한 결과를 다음달의 총화마당에서 검열받고 다시 새로운 분공을 받는다. 이 과정이 곧 조직생활이다. 분공은 분단위원들이 모여 협의를 하여 결정한다.

소년단은 학교소년단위원회와 학급분단위원회로 구성된다. 학교소년단위원회는 책임지도원·지도원(교원)이 있고, 학생들로 구성한 단위원장·단부위원장(2~3명)·단위원(각 반 1명) 등을 둔다. 학급분단위원회는 분단위원장·부위원장·위원으로 구성한다. 분단위원장은 당일 총화(생활평가)와 월 총화 등 정치회의만 담당한다. 조직부위원장은 각종 모임의 집합·지각·교복 착용 검열 등과 위원들의 일을 통제한다. 사상부위원장은 독보(읽기) 등을 통한 선동 활동을 한다. 위원은 학습위원·위생위원 등으로 나뉜다.

1. 2. 소년단은
　　마지막 주 토요일에 수업을 마치고 모여
　　맡겨진 과제와 생활에 대해 발표하고,
　　반성의 시간을 갖는다.
　　남녀 소학교학생들이 발표하는 모습

3. 소년단 입단 선서 내용.

중학교

소학교 4학년을 마친 학생들을 기다리는 것은
6년 동안의 중학교 생활이다.
일반교육과 수재교육을 병행하는 것이
북녘 중학교 교육의 특징.
그러나 공부와 집단생활, 여가를 즐기는 모습은
어느 학교나 마찬가지다.

시험성적 공개로 학생 간 경쟁 유도

지역별로 수재중학교, 학교별로 수재반

평양의 예술·컴퓨터 수재학교인
금성학원 학생들이
영어공부를 하고 있다.

시험과 무시험 병행 중학교 진학

"공화국에서는 중학단계에 중등·고등중학 구별(인문계, 실업계 구별)이 없이 완전한 중학교 교육을 받을 수 있습니다. 이것은 중등 의무교육을 보증하기 위한 조치입니다.

특히 중학교 과정에서는 보통교육과 함께 수재교육을 병행합니다. 일반 중학교에서도 학년별로 수재반이 운영되고 있고, 그중에서도 우수한 학생들은 제1중학교에 입학합니다."

평양에서 만난 북측 교원(교사)의 설명이다.

보통교육과 수재교육의 병행, 이것이 북의 중학교 운영에서 가장 두드러진 특징이다. 일반 교육을 시키면서도 우수한 인재를 별도로 어떻게 양성할 것인가 하는 고민은 북측 교육계에서도 오랫동안 씨름했던 문제였다.

북측은 우선 1984년 평양제1중학교 설립을 시작으로 1985년까지 직할시 및 각 도에 1개씩 '제1중학교'를 설립했다. 현재 북에는 평양제1중학교를 비롯해 모란봉제1중학교, 김정숙제1중학교, 신의주제1중학교 등 200여 개의 제1중학교가 설립돼 수재들을 양성하는 기능을 맡고 있다. 수재학교에 들어가려면 어떤 조건이 필요할까? 방승선 평양제1중학교장의 설명이다.

"평양제1중학교에 들어오려면 학생들의 기억력, 상상력, 응용력을 판정하는 지능시험과 수학시험을 기본으로 하여 진행되는 예비선발시험을 치러야 합니다. 2000년대 중반에 잠시 본고사를 치르기도 했지만 지금은 없어졌습니다. 전국의 소학교 성적 최우등생이 추천되면 우리 학교 교원들이 나가서 요해(파악)를 먼저 하고 예비시험을

실험실에서 화학 실험을 하고 있는 평양제1중학교 학생들.

금성제1중학교 학생들이
아침 청소를 마치고
축구를 하며 놀고 있다.

1. 평양제1중학교 학생이
   실험결과를 컴퓨터에 입력해
   분석하고 있다.

2. 평양제1중학교 학생들의
   쉬는 시간.

거친다고 보면 됩니다. 늦게 두각을 나타내는 학생들을 위해 중학교 4학년 때 편입 기회도 주어집니다."

평양제1중학교는 북녘 중등교육의 최고 수재양성 기관으로 중학생 1,000명이 재학하고 있고, 그 중 지방에서 올라 온 수재 300여 명은 기숙사에서 생활한다. 북녘에서는 소학교 과정이 4년이기 때문에 남쪽보다 일찍 중학교에 들어가게 된다. 중학교에서 한 학급 학생 수는 보통 30~40명 정도다. 소학교 때와 마찬가지로 한 선생님이 6년 동안 계속 같은 학급을 맡는다. 6년 동안 같이 생활하게 되니까 서로에 대해 거의 가족처럼 알게 된다.

등교시간은 8시까지. 수업시간은 45분. 휴식시간은 10분. 수업은 하루 6시간이다. 중학교에서 배우는 과목은 당 정책·김일성 수령 혁명 활동·혁명역사·국어·공산주의 도덕·한문·외국어·조선역사·세계사·조선지리·세계지리·수학·물리·화학·생물·음악·미술·체육·공작·전자기계실습·제도 등 23개 과목이다. 예전에는 외국어라고 하면 대부분 러시아어였는데 국제사회의 변화에 맞춰서 1991년부터는 영어가 제1외국어로 되었고, 최근에는 중국어도 인기를 끌고 있다.

1. 북녘 전국의 수재들이
   시험을 보고 입학하는
   평양제1중학교의 건물 외부 전경.

2. 평양제1중학교 교사가
   파워포인트로 수업내용을
   설명하고 있다.

1. 북녘의 학교는 자연스런
   경쟁을 통한 실력 향상을 위해
   성적을 공개하고 있다.

2. 평양제1중학교 복도에
   붙어 있는 학습 안내판.

3. 학년말시험을 치르고 있는
   금성학원의 중학생들.

시험이 끝나면 복도에 각 학년별, 각 반별로 성적순위가 공개된다. 성적과 석차가 다 공개되면 학생들이 부담스러워 하지 않을까? 그러나 북측에서는 이를 당연시한다.

"공부를 열심히 하는 것은 학생의 본분입니다. 서로 경쟁을 하는 것은 당연하다고 봅니다. 학생들 간의 점수차가 크지 않습니다. 1등한 학생도 조금만 한눈을 팔면 성적이 떨어집니다. 물론 공개된 성적표를 보고 성적이 나쁜 학생들의 부모님들은 무척 속상해 하지요."

북의 교육 체계

27		
26		
25		
24		
23		고등교육
22		
21		
20	대학교	
19	교원대학	고등전문학교
18		
17		
16		
15	고급중학교 3년	중등교육
14		
13	초급중학교 3년	
12		
11		

북의 교육제도 변화

고등교육

- 고등전문학교(2~3년)
- 단과대학(3~4년)
- 대학(4~6년)
- 박사원·연구원(2~3년)

17~27세

초등교육

기존
소학교(4년)
6~10세
▼
소학교(5년)
6~11세

중등교육

기존
소학교(6년)
10~16세
▼
초급중(3년)
고급중(3년)
11~17세

학교전교육

탁아소 1~4세

유치원 4~6세

※ 의무교육 유치원 높은반(1년)~중학교(6년)

1

2

3

1. 2005년 5월 장천협동농장에
   지원으로 나온 예술학원 학생들.

2. 야외학습을 나온 중학생들이
   노래를 부르며 오락시간을
   보내고 있다.

1. 야영학습에 참여한 학생들이
   평양 용악산을 오르고 있다.

2. 중학생들이 묘향산 보현사를
   참관하던 중 잠시 휴식하고 있다.

3. 평양의 모란봉에 나와
   그림을 그리고 있는
   미술소조반 중학생들.

◀···
중학교 음악소조 학생들이
출퇴근길 거리에 나와
연주를 하고 있다.

···▶
1. 금성학원 학생들이
   시창 수업을 듣고 있다.

2. 체육학원 학생들의
   정구와 축구 시간.

3. 북녘에도 남쪽의 외국어고에
   해당하는 외국어학원,
   예술고에 해당하는 예술학원,
   체육고에 해당하는 체육학원이
   전국에 별도로 설치돼 있다.
   이들 중 성적우수자는
   평양외국어대학,
   평양연극영화대학,
   평양음악대학,
   평양무용학원,
   평양체육대학 등에 진학한다.

북의 중학생들은 2교시 수업을 마치면
운동장에 나와 업간(중간)체조를 한다.
평양제1중 학생들이 업간체조를 마치고
다시 교실로 들어가고 있다.

컴퓨터게임에 빠진 학생 늘어 고민

최근 북에서도 컴퓨터게임과 채팅을 즐기는 중학생이 늘고 있다. 영문 ID를 쓰는 북의 신세대들은 또래와 채팅하는 것이 하나의 일과처럼 돼 버렸다. 아직은 해외 인터넷망에는 접속할 수 없지만 내부 컴퓨터망(인트라넷)을 통해 학교나 기관의 홈페이지에 접속할 수 있다.

당연히 채팅과 게임 때문에 성적이 떨어지는 학생도 나타나고 있다. 방승선 교장은 "컴퓨터망에 접속해서 밤늦도록 채팅을 하는 학생들이 늘고 있어요. 최근에는 게임에 빠져 맹탕 공부를 소홀히 하는 학생이 늘어 걱정입니다. '게임중독증'이라고 하면 과도할지 모르지만 성적이 떨어져 가정방문을 해 부모님들과 상의해 보면 컴퓨터게임 때문인 경우가 많습니다."

북에도 특수학교들이 존재한다. 남쪽의 외국어고에 해당하는 외국어학원, 예술고에 해당하는 예술학원, 체육고에 해당하는 체육학원이 전국에 별도로 설치돼 있다. 이들 중 성적우수자는 평양외국어대학, 평양연극영화대학, 평양음악대학, 평양무용학원, 평양체육대학에 진학한다.

이와는 별도로 예술 · 컴퓨터 분야 최고 수재 교육기관으로 금성학원이 설치되어 있다. 전문교육에 주력하면서도 일반교육을 강화해 높은 수준의 재능을 소유하도록 균형적인 교육을 하는 것이 현재 북녘의 중등교육 방침이다.

평양 만경대구역 금성학원 중학생들이
컴퓨터 교재를 이용해
영어회화를 공부하고 있다.
금성학원의 홈페이지 초기 화면.

1. 2. 2007년 5월 평양 련광중학교
   학생들이 방과 후 집에 가다
   다투고 있다.

3. 련광중학교 학생들이 방과 후
   학교 주변을 청소하다
   장난을 치고 있다.

4. 평양개선중학교 졸업생들이
   더 많은 추억을 남기기 위해
   가족 및 친구들과 함께
   사진을 찍고 있다.

학생·교사가 모두 참여하는 운동회

 중학교에서는 1년에 3~4차례 운동회도 연다. 1년 중 가장 큰 행사는 2·16과 4·15에 평양 등 대도시 중심으로 개최된다. 운동종목은 이어달리기, 병끼고 달리기, 다리묶어 달리기, 공빼앗기, 축구, 장애물 극복 등이다. 학예회(예능발표회)는 보통 7월에 실시하는데 합창·무용·악기연주 등 전국 경연대회가 열린다.

 학교에서는 운동회나 예능발표회를 위해 1~2달 전부터 선생님과 학생들이 열심히 연습한다. 북에서는 소풍을 놀이 또는 등산이라고 부르는데 1년에 봄·가을로 두 차례씩 간다.

›··
평양제1중학교 학생들이
가을철소년운동회에서
이어달리기를 하고 있다.

‹···
평양 5월13일중학교 학생들이
가을철운동회에서
달리기를 하고 있다.

2003년 10월 5월 13일 중학교 가을철소년운동회에서 1학년부터 6학년까지 약 1,400명의 학생들이 '대동강'팀과 '금강산'팀으로 나눠 22개 경기 종목에서 대항을 벌었다.

1. 학생들이 친구들의 경기를 관심 있게 지켜보고 있다.

2. 학생과 선생님이 한조를 이뤄 축구공을 머리에 끼고 달리는 경기를 하고 있다.

1. '대동강'팀과 '금강산'팀 대항 공빼앗기 경기.

2. '대동강'팀과 '금강산'팀 대항 남녀이어달리기.

3. '대동강' 팀과 '금강산'팀 대항 줄다리기 경기.

가장 기다리는 '야영소 생활'

　북녘 어린이들이 손꼽아 기다리는 방학은 여름에 15일, 겨울에 45일이다. 여름방학 때는 한 주에 4차씩 학급별 수영경기를 개최하고 조선민속박물관, 조선중앙력사박물관 참관 등을 조직한다. 특히 아이들은 야영소 생활을 가장 기대한다.

　며칠씩 부모 곁을 떠나 자연 속에서 동무들과 함께 스스로 밥을 지어 먹으며 생활하는 특별한 경험이기 때문이다. 소년단 활동을 열심히 하면 모범분단으로 표창 받아 '영예의 붉은 기'를 받는 동시에 소년단야영소 입소 기회가 주어진다. 대개 소년단 야영소의 첫 입소식은 4월 15일이며 10월까지 3~12일의 일정으로 진행된다.

　야영소 생활은 글짓기 발표, 시 낭송, 운동, 역사유적 견학, 등산, 동식물 채집, 오락회 등 다양한 프로그램으로 구성돼 있다. 송도원국제소년단야영소를 비롯해 석암·해주·서흥호·서호·묘향산 등의 야영소가 잘 알려져 있다.

"밥짓기는 불켜기가 기본이야."
야영을 나온 학생들이 밥을 짓고 있다.

1. "잊지 못할 추억으로 될 거예요."
  "배운 것을 학교생활에서 살리겠어요."
  만경대소년단야영소로 야영 온
  학생들이 학교 동무들과
  기념사진을 찍고 있다.

2. 야영 나온 학생들이 동무들과 함께
  밥짓기를 하며 즐거워하고 있다.
  '제 힘으로 만든 밥은 별맛'. 선생님의
  지도를 받아 각자 밥을 지은 아이들이
  식사를 하고 있다.

3. 평양 용악산 기슭에 자리잡은
  만경대소년단야영소에는 1년에
  평양 시내 28개 소·중학교에서
  30번에 걸쳐 총 3만 명의
  학생들이 찾는다.
  야영소에는 3동의 야영각과
  문화회관, 종합운동장, 보트놀이를
  할 수 있는 호수, 수영장 등의
  시설이 갖춰져 있다.

방승선
평양제1중학교 교장

"전국 수재들이 시험 치러 입학"

방 교장은 2003년 이 학교의 교장으로 부임했다. 그는 부임 전 김철주사범대학에서 25년간 수학을 가르쳤고, 지난해에는 수학 박사학위를 취득한학자 출신의 교장선생님이다.

"평양제1중학교는 북 중등교육의 최고 수재양성기지로 중학생 1천 명,소학교 7백 명으로 총 1,700명이 재학하고 있고, 지방에서 올라 온 수재300여 명이 기숙사에서 생활하고 있습니다. 평양제1중학교에는 사범대학졸업생뿐만 아니라 김일성종합대학, 김책공업종합대학, 리과대학을 졸업한30~40대의 재능 있는 대학교원들과 우수한 박사원 졸업생들을 교원으로선발 배치하고 있습니다. 남녀 학생의 비율이 85% 대 15% 가량이고, 평양과 지방 학생들의 비율은 대략 70% 대 30%입니다.

평양제1중학교에 들어오려면 학생들의 기억력, 상상력, 응용력을 판정하는 지능시험과 수학시험을 기본으로 하여 진행되는 예비선발시험을 치러야 합니다. 2000년대 중반에 잠시 예비선발학생들을 대상으로 다시 본고사를 치르기도 했지만 지금은 없어졌습니다. 전국의 소학교 성적 최우등생이추천되면 우리 학교 교원들이 나가서 요해(파악)를 먼저 하고 예비시험을거친다고 보면 됩니다. 늦게 두각을 나타내는 학생들을 위해 중학교 4학년때 편입할 수 있는 기회도 주어집니다.

최근 북에서는 영어와 컴퓨터 교육이 강화되고 있지요. 지금은 정보화시대 아닙니까? 당연히 영어와 컴퓨터 교육이 강화되어야 하겠지요. 특히2008년 2학기가 시작되는 9월부터는 영어 및 컴퓨터 조기교육이 전국에서일제히 실시됩니다. 예전에는 중학교에서 배우던 영어와 컴퓨터 기초부문을 소학교 3학년생부터 시작합니다. 교육시기가 2년 빨라지는 것이죠. 컴퓨터 수업에서는 독자적으로 개발한 OS(운영체계)에 기초해 게임, 음악감상,시간표 만들기 등을 하고, 영어 수업에서는 매번 30개 정도의 어휘와 회화를 익힙니다.

학생들을 수학·생물·일반수재반 등으로 나눠 공부시키고 있습니다. 과거 여러 명의 학생이 국제수학올림픽에서 우승했고 수많은 졸업생이 조국의 첨단과학기술의 개척자로 큰 몫을 담당하고 있지요.

시험성적은 모두 공개됩니다. 서로 경쟁을 하는 것은 당연하다고 봅니다. 그러나 학생들 간의 점수차가 크지 않습니다. 1등한 학생도 조금만 한눈을 팔면 성적이 떨어집니다. 물론 공개된 성적표를 보고 성적이 나쁜 학생들의 부모님들은 무척 속상해 하지요.

학생의 성적이 갑자기 떨어지는 경우가 간혹 있는데, 시대적 흐름을 반영해서인지 아무래도 컴퓨터 이용과 관련이 많습니다. 컴퓨터망에 접속해서 밤늦도록 채팅을 하는 학생들이 늘고 있어요.

평양제1중학교를 졸업하면 김일성종합대학, 김책공업종합대학, 리과대학 등에 주로 진학합니다. 5학년을 마치게 되면 담임교원들이 학생의 성적과 상담을 거쳐 진학할 대학을 결정하게 됩니다. 통상 3지망까지 합니다. 간혹 '김일성종합대학이 아니면 진학을 하지 않겠다'고 고집을 피워 1지망부터 3지망까지 김일성종합대학을 쓰는 경우도 있지요(웃음). 학교에서 추천을 받고 예비시험을 통과하게 되면 지망 대학에 가서 본고사를 치릅니다.

우리 학교 학생 중에는 거의 없지만 지망한 대학의 본고사에서 떨어지면 군이나 사회로 나가죠. 재수를 하는 경우는 극히 드물지만 없지는 않습니다. 그런 경우 학교가 도움을 주는 것은 없고 개인적으로 집에서 학과 공부를 해야죠."

대학생

북에서는 예비시험을 통과한 학생뿐 아니라
군대나 기업소에서 추천을 받은 '사회인'도 대학시험 추천을 받는다.
학생들에게는 보통 1회의 대학입시 기회가 주어지며 이때 떨어지면
군대에 가거나 기업소에 취직했다가 이곳의 추천으로 다시 시험을 볼 수도 있다.
중학교 졸업 후에 곧바로 진학하는 경우를 '직통생'이라 하는데, 전체 대학생의 25%정도를 차지한다.
북의 대학교는 김일성종합대학, 김책공업종합대학, 고려성균관 등의
종합대학을 제외하고는 대체로 평양음악대학, 평양철도대학,
평양체육대학 등 모두 단과대학 체제로 운영된다.

성적과 조직생활 우수자 높이 평가

예비고사와 본고사 통과해야 입학

김일성종합대학 역사학부 학생들이
단군릉, 동명왕릉 등
고조선, 고구려시대의 왕릉과 왕궁
모형판을 놓고 수업을 하고 있다.

'나의 희망발표모임' 통해 진로 고민

중학교를 졸업한 학생들은 대학에 가거나 군대, 사회로 나간다. 중학교 6학년이 되면 북의 학생들은 졸업시험과 동시에 사회 진출의 첫 발걸음을 떼는 인생의 갈림길에 서게 된다. 그래서 북의 졸업생들도 누구나 자기의 전도를 두고 '고민'을 한다.

북측에서 만난 평양제1중학교의 교사는 "북의 중학생들은 졸업반이 되면 학급별로 '나의 희망발표모임'을 연다"며 "여기서 학생들은 자기의 전도와 희망에 대해 기탄없는 이야기를 나눈다"라고 말했다.

대학에 입학하기 위해서는 우선 중학교, 군대, 직장에서 추천을 받아야 한다. 대학 추천 대상에 선정된 사람들은 '실력판정시험'(예비시험)을 치르고, 여기서 통과되면 가고 싶은 대학을 3지망까지 적어 낸다. 1~3지망을 모두 북 최고의 대학인 김일성종합대학으로 적어 내는 학생도 가끔 있다고 한다.

추천 학생수는 보통 대학 입학 정원의 5배 정도로, 김일성종합대학의 경우 30대 1의 경쟁률을 보일 때도 있었다고 한다. 대학 본고사를 치를 때 북녘의 엄마들도 교문에 엿을 붙이고, 교문 밖에서 기다리는 장면을 목격할 수 있다. 남이나 북이나 명문대학 입학은 역시 어려운 관문인 것 같다.

매해 4월 1일 김일성 주석의 동상 앞에서 전 교직원이 참석한 가운데 입학식이 열리고, 신입생 전체 오리엔테이션을 받으면 꿈에 그리던 대학생활이 시작된다. 중학교에서 바로 들어온 '직통생'이 아니라 군대나 직장에서 들어온 학생들은 1년간 예비과를 다닌 후 본과에 진입한다. 김일성종합대학, 김책공업종합대학 등 종합대학들은 단과대

김책공업종합대학 남녀학생이
도서관에 나란히 앉아
공부를 하고 있다.

별, 학부별로 모집하기 때문에 1~2년 뒤에 다시 과를 선택해야 한다.

대학생활은 오전, 오후로 크게 나뉜다. 아침 6시, 김일성대 학생들의 일과가 시작되는 시간이다. 기숙사 생활을 하는 학생들은 기상구호에 맞춰 잠자리를 정리하고 소대별로 운동장에 나와서 간단한 아침운동을 한다. 한 방에 3명씩 짝을 이뤄 생활하며, 학년은 다르지만 같은 과 학생끼리 사용한다. 7시가 되면 학생들은 기숙사 식당에서 아침식사를 하고 곧바로 강의실로 향한다. 집에서 통학하는 학생들도 이때쯤이면 등교를 시작한다. 8시에 1교시 수업이 시작된다.

남쪽과 달리 학생들이 강의실을 찾아다니지 않고 담당 교수들이 강좌별로 강의실에 들어온다. 교수가 인사하는 것으로 수업이 시작되고, 교수는 먼저 지난 시간에 강의한 내용을 질의응답을 통해 확인한 후 그날 진도를 나간다. 성적에 반영되기 때문에 학생들은 반드시 복습을 해야 한다. 오전 수업이 끝나면 점심식사를 한 후 학생들은 도서관에 가거나 소조(동아리)활동으로 시간을 보낸다.

음악과 체육소조가 가장 인기가 높다. 최근에는 컴퓨터 교육에 관심이 높아져 컴퓨터실습실을 찾는 학생들이 늘고 있다. 수업일수를 채우기 위해 오후에 수업을 진행하기도 한다. 대학 내에서는 담배를 피울 수 없으며, 공개적인 남녀 간 연애도 가급적 피한다.

대학교 입학식은 매년 4월 1일 열린다.
김책공업종합대학 학생들이
입학식을 갖고 있다.

1. 조직활동과 과외활동을 통해
   학교 이름을 빛낸 학생들의 사진이
   김일성종합대학 체육관 복도에 붙어 있다.
   북쪽에서는 대학생도 시험성적을
   모두 공개한다.

2. 기말고사 준비를 위해
   인민대학습당을 찾은 대학생들이
   시험공부를 하고 있다.

3. 남북학술토론회를 관심 있게
   지켜보고 있는 김일성종합대학
   학생과 교원들.

평양장철구상업대학 학생들이
조선혁명박물관 참관수업을
마치고 나오고 있다.

컴퓨터와 외국어 관심 높아져

대학 축제는 4월 15일 김 주석의 생일날을 전후해 열린다. 이 기간에는 각종 체육경기, 가장행렬, 문예경연이 열리고, 성적과 생활 우수자에게는 '김일성장학금'이 수여된다.

방학 중에는 협동농장이나 공장에 지원을 나가기도 하고, 봄과 가을철에는 '모내기전투', '추수전투'에 봉사를 나가야 한다. 또 대학생은 교도대에 편성돼 강도 높은 군사훈련을 받는다. 특히 대학생활 중 한 번은 백두산혁명사적지까지 도보로 행군을 다녀오는 체험을 거친다.

학생들의 성적은 공개원칙에 따라 대학건물 복도에 있는 성적게시판에 게재된다. 각 과목별 만점은 5점. 성적은 필기와 구답시험으로 평가된다. 학비가 없는 대신 학생들에게는 열심히 공부할 의무가 부여된다. 그러나 성적만 높아서는 결코 좋은 종합평가를 받을 수 없다. 학과 성적과 함께 조직생활에서도 좋은 평가를 받아야 한다. 대학 건물 내부에는 영어, 체육, 음악 등의 분야에서 대외적으로 좋은 성적을 낸 학생들, 조직생활에서 모범을 보인 학생들의 사진과 사례가 걸려 있다.

북의 대학에서도 외국어 강의가 확대되고 있는 추세라고 한다. 박사논문을 심사할 때는 대체로 자신이 선택한 제1외국어로 변론을 해야 한다.

학부마다 다르지만 4~6년간의 대학생활을 마치면 자기가 가고자 하는 희망직종, 부서를 결정해 대학의 해당부서 책임자와 면담을 거쳐 사회에 진출하게 된다.

1. 김일성종합대학 사적관 앞 의자에 다정하게 앉아 있던 남녀대학생이 사진을 찍자 수줍게 웃고 있다.

2. 평양의학대학 여학생이 교복차림으로 등교하고 있다.

3. 평양의 한 여대생이 노트를 보며 등교하고 있다. 북에서는 대학생들이 등교길에 책을 보며 공부하는 모습을 흔히 볼 수 있다.

4. 김책공업종합대학 학생들이 전자도서관 컴퓨터실에서 각종 디지털 자료들을 이용해 학습하고 있다.

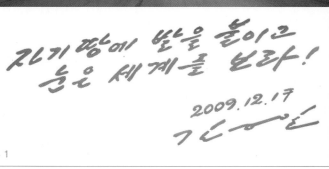

1. 1946년 10월 개교한
   김일성종합대학의 정문.
   아래는 2009년 12월
   김정일 국방위원장이
   김일성종합대학 전자도서관에 보낸
   친필 명제.

2. 김일성종합대학의
   사회과학관과 사적관 모습.

3. 2003년 8월 김일성종합대학에서 열린
   남북학술토론회에 도우미로 나온
   여대생들이 남측 참석자들을
   환송하고 있다.

1. 2009년 10월 개장한 김일성종합대학 수영장에서 여대생들이 수영을 하고 있다.

2. 김일성종합대학 교직원들이 퇴근하고 있다.

1. 김책공업종합대학 전자도서관 전경.

2. 김책공업종합대학 정문.

3. 김책공업종합대학 김성일 도서관장이
   도서를 검색하고 있는 학생을
   지도하고 있다.

···→

4. 수업을 마친 김책공대 여학생이 하교하고
   있다.

5. 점심을 먹은 김책공대생들이 교실로
   들어가고 있다.

김책공대는 1948년 9월 김일성종합대학 공학부에서 분리돼 평양공업대학으로 출발했고, 1950년대 사망한 항일빨치산 출신 김책의 이름을 따 김책공대로 개칭됐다. 정보과학기술대학, 기계과학기술대학의 2개 단과대학을 비롯해 지질탐사학부, 광업공학부, 금속공학부, 물리공학부, 선박공업부 등 10여개 학부가 설치돼 있고, 체육학과와 스포츠학과도 있다. 현재 학생 수는 1만 3,000명, 교원 수는 2,000명 정도로, 김일성종합대학보다 학생수가 조금 많다.

4 5

1. 2006년 새로 건설된
   김원균평양음악대학의
   음악당 전경.

2. 김원균평양음악대학의
   민족기악과 학생이
   가야금 레슨을 받고 있다.

3. 평양음대 3학년 시간표

김원균평양음악대학
박은주 학생이 음악당에서
남쪽 관광객들을 대상으로
노래를 부르고 있다.

3학년 시간표

학년반	요일 시간 교실	월 요 일			
		1	2	3	4
민족기악 3학년	4 - 1	실습	실습	실습	실습
양악기악 3학년1반	4 - 5	실습	실습	실습	실습
양악기악 3학년2반	4 - 2	실습	실습	실습	실습
성 악 3학년1반	3 - 6	연기	청시	김정일동지로작	정치경제학(83석)
성 악 3학년2반	3 - 5	피바다식 혁명가극리론	피바다식 혁명가극리론	피바다식 혁명가극리론	정치경제학(83석)

김원균평양음악대학은 북의 애국가를 작곡한 작곡가 김원균의 이름을 붙인 것이다. 1949년에 국립음악학원으로 개교하여 1952년에 해주예술전문대학과 통합하면서 평양음악대학으로 불렸다. 1972년에는 평양예술대학과 통합하고 평양음악무용대학으로 명칭이 바뀌었다. 2006년에 대동강 강변에 건물을 새로 지으면서 평양음악무용학원이 분리되어 지금의 이름으로 다시 바뀌었다. 대학 내에는 30여 개의 강의실과 전공수업실, 연습실, 외국어수업실, 전자도서열람실, 컴퓨터 조종실, 체육실, 음악당, 기숙사 등이 있다. 카라얀 콩쿠르에 입상한 지휘자 김일진, 최초의 여성 지휘자 조정림 등이 이 대학 출신이다.

1. 평양의 대학생들이 인민대학습당
   (중앙도서관)에서 공부를 하고 있다.
   많은 대학생들이 방과 후 또는
   시험기간에 인민대학습당을 찾아
   공부를 한다.

2. 라선특별시에 있는 라진해운대학
   대학생들이 영어학습을 하고 있다.

3. 금성학원 전문부 최은향, 최미향
   쌍둥이 자매가 남쪽 방문객에게
   글을 써주고 있다.
   두 학생은 2005년 남쪽을
   방문한 경험이 있다.

2005년 6월 평양에서 열린
6·15 5주년 남북공동행사에 참석한
평양의 대학생들이 '우리'와
'하나' 팀으로 나눠 응원을 하고 있다.

1. 평양의 대학생들이
   평양민속박물관을 방문해
   현장학습을 하고 있다.

2. 평양철도대학 학생들이
   실습실에서 수업하고 있다.

3. 평양외국어대학 학생들이
   영어수업을 하고 있다.

1. 대학생교도대가 주체사상탑 광장에서
   훈련을 하고 있다.

2. 대학생교도대 훈련을 마친 김책공업종합대학
   여대생들이 학교로 들어오고 있다.
   대학생교도대는 160시간의 교내훈련을 받고,
   2학년 때에는 6개월 간 군부대에 들어가
   입영 집체훈련을 받는다.
   교도대는 북의 민간 군사조직으로
   총병력은 약 90만 명으로 추정되며,
   현역군인과 준군사요원 등을 제외한
   17~50세의 남자와 17~30세의
   미혼 여성으로 편성된다.

1. 김일성종합대학의 졸업증 표지와 내부.

2. 김일성종합대학 졸업생들이
   졸업식을 마치고 사적관 앞에서
   기념촬영을 하고 있다.

졸업식을 마친 김일성종합대학 학생들이
졸업증서를 보며 교정을 나오고 있다.

김성일
김책공업종합대학
도서관장

"남북 도서관 교류 서로에도 도움 될 것"

대동강가에 있는 김책공업종합대학 정문으로 들어가 200미터 정도 걸어 가자 오른쪽으로 현대적 건물로 지어진 전자도서관이 모습을 드러낸다. 도 서관 건물 앞면에는 책 문양이 새겨져 있고, 그 밑에 '2001. 9.19'이란 날짜 가 적혀 있다. 김정일 국방위원장이 김책공대를 방문해 전자도서관 건설을 제기한 날을 의미한다.

이 도서관은 연건평 1만 6,000m^2, 부지면적 4,000m^2로, 20여 개의 열람실 과 원격강의실, 1기가비트(Gbps)의 전송속도 등을 자랑하는 북 최대의 디 지털 도서관이다.

"우리 도서관은 2년간 미국, 러시아 등 여러 나라의 도서관을 둘러본 경 험을 토대로 설계와 건설 준비를 끝내고, 1년 6개월 만에 공사를 마치고 2001년 1월에 준공됐습니다. 지하 1층, 지상 5층으로 건설된 도서관에는 12개의 전자열람실과 11개의 도서열람실, 4개의 도서열람홀을 비롯해 한 번에 2,000여 명의 이용자를 수용할 수 있는 백 수 개의 방이 있지요.

2001년 1월 처음 개관 이후 자료가 크게 늘었죠. 과학영화, CD 등의 자 료가 많이 들어왔고, 도서도 3만권 정도 더 들어왔습니다. 특히 과학 관련 동영상 자료를 편집해 제공하는 서비스가 강화됐지요.

나는 김책공대 계산기학과 73학번입니다. 계산기학과란 지금으로 치자 면 컴퓨터학과라고 할 수 있죠. 중학교 때부터 수학과 물리를 좋아했어요. 대학 졸업 후 이 대학의 교원으로 부임해 정보과학기술대학 부학장으로 있 다가 관장으로 사업하게 됐습니다.

도서관을 설계하면서 독일, 중국, 러시아 등의 유명한 도서관 등을 둘러 봤습니다. 2002년 미국의 대학도서관 관계자들이 왔을 때 이들과 실무적인 토론을 많이 했습니다.

하루 일과는 그때그때 다르죠. 8시에 첫 강의가 시작되니까 보통은 7시 40분쯤 출근해서 5시쯤 퇴근합니다. 우리 대학 강의는 8시에 시작해 90분씩 진행됩니다. 교원(교수)들은 한 학기에 60시간 정도 강의합니다. 기초과학, 정보부문은 요구가 많아 강의시간이 훨씬 많지요. 퇴근해서는 독서를 하거나 음악을 즐겨 듣습니다.

대학교원의 정년은 대체로 65세 정도입니다. 건강하고 능력이 있으면 교육부문에서는 80세까지도 일을 합니다. 관장직을 그만두면 다시 강의에 전념해야죠. 요즘 대학생들은 외국어와 컴퓨터를 기본적으로 배우고 대학에 옵니다. 우리 때와는 비교할 수 없을 정도로 수준이 높습니다.

김책공대에서는 대학원 강의를 영어로 하고, 박사논문도 영어로 제출한다는 이야기도 있습니다만 아직은 그 단계까지 도달하지 못했습니다. 다만 박사반 논문은 심사할 때 대체로 자신이 선택한 제1외국어로 변론을 해야 합니다. 앞으로 외국어 강의가 확대되는 것이 추세라고 봅니다. 최근에 캐나다에서 원어민이 와서 교원을 대상으로 영어 강습도 진행하고 있지요.

학생들의 컴퓨터 이용이 늘면서 바이러스나 게임 등이 문제가 되는 경우도 있습니다. 외국에서 프로그램이 들어올 때 바이러스가 묻어 들어오는 경우가 많습니다. 그래서 항상 '비루스왁찐'을 항상 최신판으로 업데이트하고 있죠. 학생들이 하는 게임의 종류나 즐기는 학생이 크게 늘었죠. 다만 과도한 폭력 게임이나 군사무기게임 등은 제한하고 있습니다.

6·15공동선언 이후 남북 간 교류가 활발해졌습니다. 남북 도서관 사이의 교류는 호상간에 큰 도움이 될 것이라고 생각합니다. 자료정리의 표준화 문제, 학술적 토론회 등이 가능하다고 봅니다."

취 업

남쪽이 수 개의 회사에 원서를 넣어가며 개인적으로 경쟁을 거쳐
직장을 구하는 취업 경쟁 사회라면 북은 대체로 직장을 배치받는 개념이다.
물론 개인의 재능과 능력에 따라 직장이 배치되기 때문에 고등교육을 더 받을수록
다양한 직업을 선택할 수 있는 여지가 높아진다.
직장배치는 대학교 진학이 좌절된 중학교 졸업자, 대학교 졸업자,
제대군인 등 경우에 따라 다른 절차를 밟는다. 직장을 배치받고 나면
얼마 동안 직장생활 준비와 휴식을 취한 후 새로 배치된 직장에서 생활이 시작된다.

면접과 시험 통과해야 취직 확정

조직생활 평가와 성적에 따라 추천

묘향산의 향산호텔 여성요리사,
〈홍길동〉 주연 리영호 인민배우,
여성과학자,
만수대언덕에 참배 온 군인,
김병화 조선국립교향악단 지휘자,
만경대학생소년궁전의
민족악기 지도교원,
평양326전선공장 노동자,
최영옥 남포 서해갑문 해설원,
북의 축구국가대표 홍영조 선수,
방승선 평양제1중학교 교장,
윤춘화 청산리협동농장 관리위원장,
평양 동명왕릉 정릉사 관리스님,
림서정 보통강호텔
목란관식당 봉사원,
개성 민속식당 수위원.

개인의 희망과 사회적 수요 고려

북녘의 사회주의 헌법은 만 16세 이상이 된 공민이라면 누구나 노동을 할 수 있고, 노동능력 있는 모든 공민은 희망과 재능에 따라 직업을 선택할 수 있다고 규정하고 있다. 그러나 실제로는 취업희망자의 개인 의사뿐만 아니라 당과 행정기관의 조정·의견이 일정하게 반영된다. 그래서 북에서는 취업보다는 '배치'라는 용어가 더 널리 사용된다. 대학을 졸업할 경우 대체로 자신의 희망직종에 배치된다.

북 주민의 직장배치는 중앙의 계획에 의해 집행되고 각 사회부문별 수요대로 할당 배치되고 있다. 즉 어떤 부문에 얼마만큼의 인력이 필요한가를 파악해 사회적 노동력의 낭비를 없애고 적절한 인력배치를 하게 된다.

직장배치 대상자는 크게 중학교 졸업생, 대학 졸업생, 군 제대자 등 세 부류로 나뉜다. 우선 취업대상자는 시·도 인민위원회의 노동과(노동자의 경우) 또는 당 중앙위원회 간부부(사무원 및 간부직원의 경우)에서 '배치장'과 '소개장'을 발급받아야 취업이 가능하다. 전문학교나 특수학교를 나온 학생들은 시·군보다 높은 도 인민위원회에서 직장을 배치한다. 대학 졸업자의 경우 개별 학생들과 면담을 거친 후 졸업생들의 학업성적, 사상, 재학 중의 조직활동 등을 참작해 각 도별로 직장배치를 한다. 군 제대자는 출신지역 시·군 인민위원회 노동과로부터 배치받는다.

북은 원칙적으로 1일 노동시간을 8시간으로 규정하고 있으나 '노동의 힘든 정도와 특수한 조건에 따라서는' 하루 노동시간을 6~7시간으로 정하고 있다. 주 1회 휴식일을 정해 6일을 근무토록 하고 있다.

····
2007년 중동에 파견 나갔다
평양으로 돌아가는 북측의 노동자가
중국 베이징 공항에서 비행기를 기다리던 중
디카로 동료를 촬영해주고 있다.
2000년대에 들어와 중국, 러시아,
중동지역에 파견되는 북측
노동자들의 수가 꾸준히 늘고 있다.

1. 평양의 철도기관사들이 출근하고 있다.

2. 남북공동행사를 취재하고 있는
   림경수 기자(오른쪽)와
   조선기록영화촬영소 촬영사.
3. 북에서는 사무직에 근무하는
   근로자는 매주 금요일 오전에
   '금요노동'에 참가한다.
   '금요노동'의 일환으로 건설현장에
   나온 근로자들이 휴식시간에
   잠시 공연을 관람하고 있다.

평안남도에 있는
28직동청년탄광 노동자들이
작업을 마치고 나오고 있다.
석탄을 캐는 탄광노동자들은
북측에서 가장 힘든 직종으로
분류되지만 성과급도 많은 편이다.

평양거리에서 흔히 볼 수 있는
여성 교통보안원.
최근에는 평양거리에 자동차가 늘어
신호등도 설치되고 있다.

사무원, 기술자, 노동자로 구분

북의 직업은 정신노동에 종사하는 사무원직, 전문적 기술이 요구되는 기술자직, 육체노동에 종사하는 노동자직으로 구분된다. 사무원직에는 주로 행정관리일꾼, 과학자, 교수 및 교원, 의사, 기자, 방송인, 작가, 화가, 음악가, 부기원 등이 속한다. 기술직에는 기술자, 기능공, 기관사, 선원, 운전수, 요리사 등이 속하고, 노동직에는 영화배우·무용수·체육인·봉사원·광부·노동자·농민 등이 속한다.

특히 북의 각 분야 근로자들은 당 간부, 행정관리일꾼 등 몇몇 분야를 제외하고는 급수제도를 통해 대우가 차등화 된다. 즉 일정한 근무 연한이 되면 정기 급수시험을 거쳐 승급이 가능하며 급수에 따라 급료 등 대우가 달라진다.

북을 방문했을 때 남쪽 사람들은 봉사부문의 일꾼들을 가장 많이 접하게 된다. 봉사일꾼으로 통칭되는 이 분야의 근로자들은 크게 상업봉사, 급양봉사, 편의봉사, 관광봉사, 안내봉사, 자재봉사, 일반봉사일꾼으로 구분된다. 상업봉사일꾼은 상점·백화점·공급소의 판매원과 공급원들이며, 급양봉사일꾼은 요리사·주방보조원·접대원들을 의미한다.

편의봉사일꾼은 이·미용사, 목욕탕 관리원, 사진사, 재봉사, 구두수리공들을 의미하며, 관광봉사일꾼은 관광총국 소속으로 외국인을 비롯해 국내외 관광을 주관하는 사람들이다. 안내봉사일꾼은 사적지나 관광지 해설강사·해설원, 열차 안내원, 버스 및 전차 차장, 비행기 승무원 등을 의미한다. 보통강호텔 1층 식당의 림서정 봉사원은 "봉사부문일꾼은 학원이나 대학을 다닐 때 1급자격증을 따느냐 2

···▶
평양공항의 여성복무원.
항공총국이 운영하는 대학을 나와야
공항에 취업할 수 있다.

급자격증을 따느냐가 직장을 선택하는데 가장 큰 변수"라며 "1급자
격증을 따야 평양의 주요 호텔과 전문음식점 등에 추천을 받을 수 있
고, 추천 기관에 가서 실기와 면접을 통과하면 취직이 확정된다"고
말했다.

남쪽과 달리 북에는 공무원 임용을 위한 정기적인 선발시험이 없
다. 사법·행정·외무고시 등도 없다. 통상 북에서 행정일꾼이 되려면
대학을 졸업하고 군 복무를 이수한 후 당원 자격을 갖추어야만 가능
하다. 여성 행정일꾼이 차지하는 비율은 아직은 매우 낮은 편이다.

직급에 따라 다르지만 내각의 지도원(부원)급 이상 행정일꾼은 필
요로 하는 각 성의 당 위원회가 수요인원을 조사해 신원조사를 한 후
통과된 사람에 한해 필기시험과 면접을 통해 합격예정자를 선발하
고, 중앙당에 제출하면 중앙당에서 최종 합격자를 결정·배치한다.

지방행정일꾼은 해당기관 당위원회가 일반 대학 졸업자 중에서 선
발해 상급기관의 승인을 얻어 배치한다.

직급별 승진 소요 기간은 부원, 책임부원의 경우 각각 3년 정도, 책
임부원에서 과장은 약 5년 정도이며 과장급 이상은 소요연한이 따로
없이 사업성과 혹은 그밖의 변수 등을 통해 이루어진다.

북에서 정년은 직종 등에 따라 다소의 차이는 있으나 대체로 남성
은 만 60세, 여성은 만 55세로 되어 있다. 과학자나 교원·예술인 등
의 경우에는 전문성과 공로를 인정받으면 퇴직 후에도 명예직으로
동일 직장에서 계속 활동할 수 있다. 퇴직 후에는 직종에 따라 유가
족연금, 영예군인연금, 공로자연금 등을 받는다.

호텔에 근무하는 봉사원들은
북을 방문했을 때 가장 친근하게
만날 수 있는 북측의 직장인들이다.
2006년 5월 고려호텔에 근무하는
요리사, 의례원, 판매원, 객실봉사원 등이
모두 호텔 앞에 나와
떠나는 남측 손님들을 환송하고 있다.

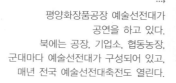
평양화장품공장 예술선전대가
공연을 하고 있다.
북에는 공장, 기업소, 협동농장,
군대마다 예술선전대가 구성되어 있고,
매년 전국 예술선전대축전도 열린다.

1. 박물관과 사적관 등에 근무하는
   해설강사는 여성들이
   선호하는 직업이다.
   평양 조선혁명박물관의
   여성 해설강사가 관람객들에게
   설명을 하고 있다.

2. 이집트 오라스콤과 북측의 체신성이
   합작해 설립한 고려링크 직원들이
   휴대전화를 판매하고 있다.
   2013년 북측의 휴대폰 보급대수는
   200만대를 돌파했다.

3. 2007년 2월 중국 베이징 중심부
   대종호텔 2층에 있는 금강원
   여성봉사원들이 〈민족21〉 취재진을
   입구까지 나와 환송하고 있다.
   북측의 해외자본과 합작으로 중국,
   러시아, 동남아 등지에 북녘식당을
   운영하고 있다.

1. 양각도호텔 식당 봉사원들이
   남쪽 관광객이 찍은 사진을
   흥미롭게 보고 있다.

2. 고려항공 여객기에서 여성복무원이
   봉사를 하고 있다.

3. 평양 안경상점의 여성판매원.
   판매원·식당의례원·교원 등은
   여성들이 선호하는 직종이다.

연애·결혼

연애와 결혼은 미혼남녀의 풀리지 않는 영원한 화두다.
'연애가 종교의 경지에 오른' 남측만 하겠냐만 북에서도 그 중요성은 마찬가지다.
상대적으로 보수적인 북측 사회에서도 젊은 층을 중심으로
연애와 결혼에 대한 인식이 빠르게 변화하는 중이다.
평양거리에서 팔짱을 끼고 연애하는 청춘남녀, 결혼을 앞두고 예비촬영을 하는
신혼부부의 모습을 어렵지 않게 볼 수 있다.

야외촬영 늘고 전문 결혼식장 이용

손잡고 팔장 끼고 대담해진 연애 풍경

평양의 개선청년공원 의자에
다정하게 앉아 있는
연인의 모습이 정겹다.
이 정도 모습에도 북측의 어르신은
"요즘 젊은이들은 도대체
남의 시선을 의식하지 않아…"라며
한 소리 하셨다.

유원지나 경치 좋은 곳 '산보' 선호

이제는 평양 시내에서도 손을 잡거나 팔짱을 낀 젊은 연인들의 모습을 심심찮게 발견할 수 있다. 사진만 놓고 보면 서울인지 평양인지 구별되지 않을 정도로 연인들의 모습은 자연스럽기 그지없다. 북측 안내원도 명절이나 휴일에는 번화가나 경치 좋은 곳에서 '산보'하는 이들을 흔히 볼 수 있다며 "요즘 젊은이들은 연애도 대담하게 한다"고 말했다.

북측 여성에게 애인이 있느냐고 물으면 십중팔구 "학업에 열중하다 보니 아직 애인은 없습니다"며 "조국을 열렬히 사랑하는 사람은 조국을 위해 더 많은 일을 해야 돼 연애할 시간이 없습니다"라고 답한다. 드물게 있다고 대답한 한 여성 봉사원에게 '산보'는 어디서 하느냐고 물었다.

"주로 여가시간에 유원지에 가거나 공원이나 경치 좋은 곳을 산책합니다. 보통강에서 보트를 타거나 영화관에 갈 때도 있습니다."

1994년 문을 연 동평양 문수유희장도 연인들의 데이트 장소로 유명하다. 회전비행기, 우산식회전대 등 10여 개의 유희기구와 률동영화관(입체영화관), 당구장, 수영장 등이 갖춰져 있으며 률동영화관과 당구장은 언제나 만원일 정도로 인기를 모은다.

애인이 없는 이들은 어떻게 이성을 만날까. 대학이나 군대에서의 연애는 '공식적으로' 금지되어 있다. 물론 남녀관계가 막는다고 막아지기야 하겠냐만, 사회통념과 남들의 이목을 완전히 무시할 수는 없는 노릇이다. 학교 안에서는 서로 좋아하는 것을 숨기고 있다가 남들이 보지 않는 곳에서 몰래 '도둑연애'하는 이들이 많다고.

모란봉공원을 찾은 연인.
모란봉은 연인들이 가장 즐겨 찾는
산보(데이트)장소다.

1　2

◄⋯
1. 모란봉 최승대 앞에서 만난 연인.

2. 모란봉 을밀대에 오르고 있는 연인.

⋯▶
대동강변에 나온 청춘남녀가
다정하게 밀회를 즐기고 있다.

1. 청년절을 맞아 모란봉공원에 온
   남녀 대학생이 다정하게 이야기를
   나누고 있다.

2. 평양의 연인들은
   겨울에 빙상관을 찾아
   스케이트를 즐기기도 한다.
   스케이트는 이 곳에서 대여해 준다.

3. 뱃놀이를 즐길 수 있는 보통강은
   평양의 연인들이 즐겨 찾는
   데이트 코스다.

팔짱을 다정하게 낀 남녀가
조선미술관에서 그림을
감상하고 있다.

평양 중심부에 있는
만수대언덕과 만수대예술극장 앞은
항상 기념촬영을 하려는
신랑신부로 붐비는 장소다.

1 2

1. 평양 만수대 언덕에 있는
   김일성 주석 동상을 찾은 신랑신부.
   대부분의 신랑신부는
   결혼식 전후에 이곳을 찾는다.

2. 2007년 설날에 결혼식을 마친
   신랑신부가 평양 만수대예술극장 앞
   광장에서 기념촬영을 하고 있다.

평양 만수대 언덕에 있는
김일성 주석 동상을 찾은 신부가
기념촬영을 하고 있다.

'맞혼인'이 대세, 중매도 '소개 형식'

북 가족법에 따르면 남자는 18세, 여자는 17세면 결혼할 수 있다. 대개 남자는 서른 전후 여자는 26~28세쯤 되면 결혼을 한다. 부모 허락이 꼭 필요하지는 않지만, 반대하는 경우 거역하기는 쉽지 않다. 직장이나 일상생활에서 짝을 찾는 '맞혼인'(연애결혼)을 절대적으로 선호한다. 중매가 이루어진다고 해도 예전 방식에서 벗어나 친척, 친구가 연결해주는 '소개하는 형식'이 많다.

어떤 배우자가 각광 받을까. 북에서 만난 여성 봉사원은 "당에 충실하고자 하는 정신·도덕적 준비가 중요합니다"라면서도 "외모나 경제적 능력도 함께 봅니다"라고 웃으며 답했다. 딸 가진 부모들은 '입당한 제대군인 대학 졸업생'을 선호한다고 한다.

최근 평양에서도 야외 촬영이 대세다. 모란봉공원, 만수대동상, 만수대예술극장 분수못, 주체사상탑, 개선문 등이 인기 있는 촬영지로 꼽힌다. 만수대예술극장 앞에는 아예 야외 사진사가 있다. 사진은 물론 비디오 기사까지 동원되어 기념촬영을 한다. 신랑이 신부집을 찾아가 신랑상을 받아 소연회를 치르고, 촬영을 진행한 다음에 신랑집으로 찾아가 신부상을 받는 것으로 결혼식을 치른다.

'결혼식 큰상'을 차려놓고 집에서 결혼하는 경우가 대다수지만 최근에는 전문 예식장도 늘어나는 추세다. 경흥결혼식전문식당을 포함해 평양시내에 10여 개의 예식장 겸 식당이 성업 중이다. 봄·가을 결혼 시즌에는 야간 결혼식을 할 정도로 인기가 높다. 당사자의 신분증명서와 결혼확인서를 갖고 가면 식당을 예약할 수 있다. 집에서 결혼식을 올려도 신랑 신부 앞길에 꽃 테이프를 드리우고 꽃가루를 뿌리

⋯
평양시 대나무식당에서 열린 결혼식에서 신랑의 친구들이 꽃가루를 뿌리며 신랑신부를 축하하고 있다.

는 등 예식장 못지않게 화려하게 치른다.

결혼식 분위기는 화기애애하다. '좋을 때 좋은 날 맺어진 사랑, 한 쌍의 꽃으로 활짝 피었네, 축복하노라 그대들 새 가정, 축복하노라 오늘의 이 행복…'이라는 〈축복하노라〉 노래에 맞춰 신랑신부가 입장하고, 식이 시작된다.

결혼을 축하하는 합창은 기본이며 신랑신부도 하객 앞에서 노래를 부른다. 양측 친지들도 반주에 맞춰 경쟁적으로 노래를 부르고 춤을 춘다. 결혼식 후에는 사회자 선언에 따라 친구들끼리 서로를 축하하는 '오락회'가 이어진다. 신랑측 남성들과 신부측 여성들이 서로 상대방을 지목하는 방식으로 이뤄지며 여기서 새로운 커플이 탄생하는 경우도 종종 있다고 한다.

결혼식을 마치고 양가 가족들이
기념촬영을 하고 있다.

1. 전통 혼례복을 입은 신랑신부가
   하객들의 축하에 활짝 웃고 있다.

2. 결혼식 피로연에 참석한
   양가 축하객들이 결혼식을 끝내고
   식사를 하고 있다.

3. 결혼식 식탁 위의 축하케이크.
   신랑은 일본에서 평양으로 온 집안으로
   비교적 유복한 형편인 것으로 보인다.

1. 신부의 아버지와 신랑의 어머니가
   인사를 나누고 있다.

2. 신랑의 친구들이 축하노래를 부르자
   하객들이 박수를 치고 있다.

3. 신랑신부 양가의 가족들이
   박수를 치며 즐거운 시간을
   보내고 있다.

신랑신부의 친구들이 나와
노래를 부르고 춤을 추며
흥을 돋우고 있다.

여가생활

평양에 위치한 반월도수영장은 더위를 식히려는 평양 시민들로 연일 만원이다.
수영복을 갈아입자마자 풀장으로 뛰어드는 아이들과
파라솔 아래서 더위를 식히는 여성들, 공놀이를 하는
직장인의 모습은 남쪽과 다르지 않다.
이밖에 문수유희장과 창광원, 만경대유희장의 수영장도
하루 수만 명의 인파가 찾을 정도로 인기가 높다.

인라인 스케이트,
볼링 동호인도 점차 늘어

여름이면 '집단 피서객'들로 붐비는 수영장

평양 문수유희장의
물놀이장(수영장)에서
신나게 물놀이를 즐기는
꼬마 피서객들.

하루 수만 명 인파 몰리는 평양 시내 수영장

북은 매년 7~8월을 해양체육월간으로 정하고 수영, 보트 등 해양 스포츠를 장려하고 있다. 이 기간 동안 강원도 원산, 함경남도 함흥 마전유원지, 서해안 와우도 유원지 등 바닷가 인근도 초만원을 이룬다. 특히 학생들이 즐겨 찾는 송도원해수욕장은 교사의 지도 아래 학년, 학급별로 해수욕장을 찾는다. 직장인들도 집단적으로 해수욕을 즐긴다. 바닷가에 텐트를 치고 준비해간 도시락과 술, 바다에서 잡은 조개 등을 구워 먹으며 하루를 보낸다. 직장별 체육오락경기, 노래경연 등으로 친목을 도모하는 일 역시 빼놓을 수 없다. 이처럼 산과 바다, 물놀이장이 붐비는 여름철 풍경은 우리와 크게 다르지않다.

그러나 남과 달리 북은 우리와 같은 '여름 피서' 개념은 없다. 며칠씩 휴가지에 머무는 대신 인근 산이나 바닷가에서 하루를 보내는 것이 일반적이다. 평양 시민의 경우 휴일날 대성산, 만경대 유원지 등에서 가족, 직장 단위로 강이나 계곡에서 더위를 식힌다.

북쪽 주민들의 일상적인 여가생활은 남쪽과 크게 다르지 않다. 아이들에게는 유희장이나 동물원 구경이 단연 인기다. 평양 만경대유희장, 개선청년공원 등에서 회전목마, 전기자동차를 타는 것만큼 흥분되는 일이 없다. 북에서 가장 큰 동물원인 평양중앙동물원의 침팬지는 아이들의 인기를 독차지한다.

4~11월까지 열리는 소년단야영소도 학창시절 경험하는 대표적인 여가생활이다. 북은 만경대·묘향산·석암·송도원소년단야영소를 비롯해 전국에 20여 개의 야영소를 운영하고 있다. 연간 야영소를 거쳐가는 인원은 무려 3만 명에 달한다.

1. 평양 문수유희장의 물놀이장에서 꼬마들이 물장구를 치며 즐거운 시간을 보내고 있다.

2. "언제 들어가는 거야요?" 평양 문수유희장의 물놀이장에 가기 위해 모인 꼬마들.

2011년 4월에 각종 놀이기구를 마련해 다시 문을 연 개선 청년공원은 가족단위로 찾는 명소로 등장했다. 주말 저녁에는 관람객들로 발 디딜 틈이 없다고 한다. 놀이공원에는 "회전그네와 배그네(바이킹), 급강하탑(자이로드롭), 전기자동차 등 놀이기구마다 많은 사람들이 긴 줄을 늘어 섰지만, 공중에서 비명을 지르는 다른 관람객들을 구경하느라 지루한 줄도 모른다"고 한다. 오락관 실내에는 '타격힘', '황소와 겨루기', '오토바이', '물건집기'와 같은 남쪽에서 볼 수 있는 오락기구들도 배치돼 있다. 북쪽 당국은 개선 청년공원을 오후 7시부터 11시까지 개방하고 직장, 학생 등 단체별로 공원을 이용하도록 조직하고 있으며, 단체 입장료는 한 사람에 300원이라고 한다.

‹···
1. 평양 시민들이 개선청년공원에서
   배그네(바이킹)를 타고 있다.

2. 가족단위로 나온 평양시민들이
   개선청년공원 앞에서
   사진을 찍고 있다.

···›
1. 개선청년공원 오락관에서
   사격을 하고 있는 시민들.

2. 가족과 함께 평양빙싱관에 나온
   아버지가 아들에게 스케이트를
   가르치고 있다.

각종 놀이기구를 탈 수 있는 개선청년공원은 휴일마다
어린이 손님들로 만원이다.

1. 일가친척들이 함께 모란봉에 나와 준비한 도시락을
   먹으며 단란한 휴식시간을 보내고 있다.

2. 명절 날 모란봉에 나온 할아버지, 할머니들이
   장고를 치며 춤을 추고 있다.

가족단위로 묘향산을 오르며
주민들이 즐거운 시간을 보내고 있다.

북녘의 주민들이 단체로
평안북도 묘향산 보현사를 참관하고 있다.
묘향산과 묘향산 기슭에 있는
보현사, 국제친선전람관은
북녘의 주민들이 휴가기간에
집단적으로 참관하는
주요 명승지(관광지) 중의 하나다.

평양 중앙동물원에서
강아지 묘기를 구경하고 있는
북녘의 학생들.

1. 북의 대표적인 천연기념물인
   룡문대굴을 구경하는 관광객들.
   룡문대굴은 평안북도 구장군에 있다.

2. 만경대학생소년궁전 수영장에서
   수영에 앞서 몸을 풀고 있는 청소년들.

3. 대동강에서 보트를 타고 있는 학생들.

어린이는 유희장, 노인들은 낚시가 최고 인기

평양에 위치한 청년중앙회관은 대학생을 비롯한 청년들의 여가생활 중심지다. 자신의 소질과 희망에 따라 컴퓨터, 자동차운전, 손풍금 소조에 가입해 실력을 쌓고, 노래경연, 음악회, 무도회, 화면반주음악 등의 취미생활을 즐긴다. 특히 화면반주음악장은 평양의 청춘남녀들에게 선풍적인 인기를 끌고 있어 한 번 노래를 하려면 줄을 서야 할 정도라고 한다.

생활체육이 발달한 북에서는 여가시간에 평양 곳곳의 공터에서 배드민턴, 탁구, 정구, 농구, 배구 등 체육활동을 하는 북녘 주민들을 쉽게 만날 수 있다. 평양 영광거리의 국제문화센터 1층에서는 탁구를 치는 청춘남녀를, 평양대극장 앞, 김일성경기장 앞 공터에서는 배드민턴을 치는 남녀학생들을 쉽게 마주칠 수 있다. 모란봉 현무문 앞 공터의 배드민턴장도 인기다. 특히 모란봉 구역의 노인들이 배드민턴 경기로 아침을 여는 모습을 볼 수 있다. 인라인 스케이트, 볼링을 즐기는 청년들의 수도 늘고 있다. 다양한 생활체육을 통해 노동에 지친 몸과 마음을 회복하는 셈이다.

그렇다면 은퇴한 노인들은 어떤 여가생활을 즐길까. 평양 모란봉에 오르다 보면 공원에서 운동을 하거나 장기를 두는 노인들을 자주 볼 수 있다. 그러나 노인들이 가장 선호하는 여가생활은 단연 낚시다. 북은 1970년대 이미 '낚시질애호가협회'가 생길 정도로 낚시의 인기가 높다. 협회 회원이 되면 국가가 지정한 낚시터에서 무료로 낚시할 수 있는 혜택도 얻을 수 있다. 낚시질애호가협회는 매년 낚시대회도 주관하는데 강변에 수 미터씩 늘어선 강태공들이 실력을 겨룬다.

북에서는 추석 때 매년 전국 규모의 씨름대회가 열린다. 각 도에서 선발된 100명의 선수들이 황소상을 놓고 벌이는 씨름판 모습.

1. 룡악산에서 소년단 야영생활을
   즐기는 북녘 소학생들.
   매년 4월부터 11월까지 3∼5일 동안
   집단적으로 야영생활을 한다.

2. 평양의 보링장(볼링장)에서
   볼링을 즐기고 있는 평양 시민들.

평양 중앙동물원에서 아버지와 딸이 함께
조랑말을 타고 있다.

1. 북녘 사람들은 명절이나 국가기념일에
   평양에 있는 금수산기념궁전을 찾는다.
   이곳은 김일성 주석의 집무실이
   있던 곳이다.

2. 배낭을 메고 지팡이를 든 채
   묘향산에 오르는 등산객들.

3. 평양 제1려관 여성봉사원이
   쉬는 날 집에서 가족들과 함께
   즐거운 시간을 보내고 있다.

1. 평양의 시민들이 휴식시간을 이용해
   장기를 두고 있다.
   평양에서 흔히 볼 수 있는 풍경이다.

2. 주체사상탑 앞 광장에서 행사연습 중
   휴식시간에 평양시민들이 잠시
   카드놀이를 하고 있다.

◄···

1. 평양 시민들이 조선미술관에서
   소묘작품전을 보고 있다.

2. 평양 시민들이 중국작품전시회를
   감상하고 있다.

···▶

1. 평양 만수대예술극장 앞 광장에서
   인라인 스케이트를 타고 있는
   청소년들. 최근 평양에 가면
   심심치 않게 볼 수 있다.

2. 공원에 소풍을 나온
   한 가족이 사진을 찍고 있다.

3. 평양의 학생들이 스케이트를 타고 있다.

평양 통일거리시장에서 한 시민이
먹을거리를 구입하고 있다.

1. 평양의 아파트에 거주하는
   한 가정에서 김장을 담그고 있다.

2. "김장은 쉬운 작업이 아니지만
   힘들다고 느껴본 적은 없어요.
   제 집에서 하는 김치가 제일이니까요."
   2006년 11월 평양시 만경대구역
   만경대동 1인민반 김순식 가족이
   김치를 담그고 있다.
   김장용 배추는 세대주의 직장에서
   가족수에 따라 공급하는 것이
   기본이다. 11월에 담근 김치는
   12월 중순경부터 먹기 시작해
   봄배추가 나오는 4월까지 소비한다.

3. 머리 단장을 하고 있는 평양의 여성들.

2007년 8월 제6차
전국낚시질애호가경기에
참가한 낚시꾼들과 구경나온 시민들.
중장년층에서 낚시는
단연 인기 있는 여가활동이다.

협동농장

북에서는 농사도 집단적으로 짓는다. 그 중심에 협동농장이 있다.
대부분의 농민은 협동농장에 소속되어 작업반, 분조 단위로 농사를 짓는다.
협동농장은 토지와 기타 생산수단을 통합하고 농민들의 공동노동에 기초해
농업생산을 하는 집단농장을 말한다. 1958년 농민 개인이 토지를 갖는 것이 아니라
협동농장이 토지를 소유하는 '사회주의적 소유' 형태가 완성된 후
지금까지 기본틀을 유지하고 있다.

교육·편의시설 등 자립적 운영 체계

북쪽 전역에 리(里) 단위 4천여 개 협동농장 존재

평양시 삼석구역
장수원협동농장에 나와
모내기하던 평양시 모란봉구역
주민들이 사진기를 들이대자
활짝 웃고 있다.

작업반과 분조 단위로 농사

"서로 도우며 일하고 있습니다. 세대주도 사업을 하다보니 바쁜 편이죠. 딸 아이가 하나 있는데, 협동농장 안에 탁아소와 유치원, 소학교가 다 갖춰져 있어 아이 키우는 데 큰 어려움은 없습니다."

500여 세대, 2,500여 명의 살림을 책임지고 있는 윤춘화 청산협동농장 관리위원장의 말이다.

청산협동농장의 농장원은 600여 명에 달한다. 농산반, 과수반 등 17개의 작업반으로 나뉘어 있고, 경지면적은 1,000여 정보가 된다. 그중 논이 600정보(180만 평), 밭과 과수원이 400정보(120만 평)다. 각 작업반 별로 여러 개의 분조가 있으며 전체적으로 약 70개의 분조를 두고 있다. 과거에는 작업반 중심이었지만 최근에는 분조 중심으로 계획과 생산, 분배가 이뤄진다.

북쪽 전역에는 약 4,000여 개의 협동농장이 있는데, 대부분의 협동농장이 비슷한 체계로 운영된다. 협동농장이 총경지면적의 90%를 소유하고 있다. 나머지 10%의 경지는 국영농장 형태로 운영된다.

협동농장의 규모는 보통 농가호수 80호 내지 300호까지로, 경지면적으로는 통상 500정보 내외이다. 협동농장의 운영은 농장관리위원회가 도 농촌경리위원회와 군 협동농장경영위원회의 지도를 받아 이뤄진다. 협동농장 내에는 농사·축산·과수·남새(채소)반 등 5~20개의 작업반이 있고, 작업반 아래에 7~15명으로 분조가 조직돼 농사를 짓는다.

····>
2005년 5월 평안남도
(현재는 남포특별시)
강서군 청산리 청산협동농장에서
첫 모내기를 하고 있다.

평양시 모란봉구역 주민들이 평양 삼석구역 장수원협동농장에 나와 모내기를 하고 있다.
북녘의 농사풍경은 독특하다.
5월의 모내기철부터 7월의 김매기철까지 약 2달간 전체 주민들이 농장에 나가
농장원들과 함께 농사를 짓는다.
농번기에는 수많은 지원자들이 농장에 나가 농사일을 돕는다.
북쪽에서는 흔히 이 기간을 '총동원' 기간이라고 부른다.
지원사업은 각 행정단위나 내각의 성, 중앙기관 등 직장별로 해당 농장을 담당하는 형식으로 이뤄진다.
지원자들이 일한 몫에 대한 분배도 노력량에 따라 이뤄졌다.
공장, 기업소, 중앙기관들에서 온 지원자들의 몫은 해당 기관에 분배된다.

....

1. 평양시 삼석구역
   장수원협동농장에 나와
   모내기를 하던 평양 모란봉구역
   주민들이 잠시 휴식하며
   오락시간을 갖고 있다.

2. 모내기 지원에 나온
   평양시 모란봉구역 주민들이
   줄을 지어 모를 분배하고 있다.

3. 2005년 5월 청산리협동농장
   예술선동대원들이 모내기하는
   농민과 지원 나온 근로자들을 위해
   노래를 불러주고 있다.
   북의 경제 현장에서
   흔히 볼 수 있는 풍경이다.

평양시 만경대국영농장의 농민들이
모판을 관리하고 있다.

평양시 만경대국영농장 농민들이
배추를 수확하고 있다.
만경대농장은 협동농장이 아니라
국영농장으로 평양 시민들의
식량과 각종 남새(채소)를
공급한다.

분조간 경쟁으로 수입 증대

"농사를 지휘하려면 능력도 있고, 지식도 있어야 하지 맹탕 아무나 하지는 못하지 않습니까? 반장과 분조장은 실력과 신망이 있어야 하죠."

작업반장과 분조장의 자격을 묻는 질문에 대한 만경대농장 김영복 관리위원장의 답이다. 협동농장들은 농사에 필요한 비료와 설비들을 자체로 해결하고 분배를 자체적으로 하는 독립채산제로 운영된다. 생산된 농산물은 자체 소비량을 제외하고 국가가 수매해 여기서 나온 수익금을 분조별로 연말에 분배한다.

특히 2000년 7월 1일 사회주의경제관리개선조치가 시행된 후 분조의 규모가 작아지고, 분조 간의 경쟁이 높아져 농장원에게 돌아가는 분배몫이 늘어났다고 한다.

"일정한 땅과 노력을 주어서 분조에서 계획 생산된 양에 대해서 생산의욕을 높이기 위해 분조에 번 만큼 일한 만큼 더 주는 것이지요. 평균주의는 못하잖아요. 분조관리제의 우월성을 높이 발휘하다 보니까 농장원들의 생산의욕이 높아지는 호상(상호) 경쟁이 치열해지죠. 경쟁이 되니까 누가 지겠다고 하겠어요."(김영복 관리위원장)

협동농장 안에는 탁아소·유치원·소학교·중학교·전문대학 등의 교육기관과 문화회관·상점 등 각종 편의시설이 갖춰져 있다. 또 모든 협동농장의 입구에는 김일성 주석 또는 김정일 국방위원장의 '현지지도말씀비'와 농장의 연혁을 설명해 주는 사적관이 설치되어 있다.

평안남도 강서군 청산협동농장의 농민들이 하루 일과를 마치고 집으로 돌아가고 있다. 청산협동농장의 중앙에 농민들의 살림집과 편의봉사시설이 자리잡고 있다.

◀···

1. 황해도 미곡협동농장의 살림집.
   협동농장의 살림집은 대체로
   단독주택이나 낮은 연립주택으로
   건설되어 있다.

2. 평양시 만경대구역 남면에 있는
   만경대농장의 살림집 일부 모습.

1. 평양시 만경대구역 칠골농장에 있는
   '로력일 공시 및 재정공시' 판.
   협동농장 농민들은 이를 통해
   매일 자신의 노력량과 한 달 단위의
   농장 재정현황을 확인할 수 있다.

2. 평양시 만경대구역
   칠골농장의 살림집.

1. 청산리혁명사적관에서
   여성 해설강사가 협동농장의
   연혁에 대해 설명하고 있다.

2. 청산리혁명사적관에 있는
   협동농장 관리위원회의 조직도.

3. 청산리협동농장의 과거와 현재의
   자료들이 전시돼 있는
   청산리혁명사적관의 전경.
   북녘 대부분의 협동농장과
   공장·기업소에는 사적관이
   건립돼 있다.

1. 청산리협동농장 내에 있는
   편의봉사시설 청산원의 미용실에서
   농민들이 휴식일에 머리를
   단장하고 있다.

2. 청산리협동농장에 있는 트럭의 모습.

3. 청산리협동농장 탁아소에서
   아이들이 공부를 하고 있다.
   협동농장에는 탁아소, 유치원,
   소학교, 중학교, 농업대학 등의
   교육시설이 갖춰져 있다.

1. 북녘의 한 협동농장에서 농민들이
   볏짚을 엮어 옮기고 있다.

2. 북녘의 한 협동농장에서 연말에
   현물과 현금을 결산분배하고
   마을 축제를 열고 있다.
   1950년대 중반 협동농장이 만들어진 이후
   지금까지 계속 이어져
   내려오고 있는 풍경이다.

2,500명 책임진 뚝심 있는 40대 농사꾼

윤춘화
청산리협동농장 관리위원장

▶ 원래 강서 출신인가요? 아니면 세대주와 결혼하면서 시집을 왔나요?

"이곳 강서군에서 나서 공부하고 자랐습니다. 청산중학교를 나온 후 농장원이 됐고, 2007년까지 제6작업반장으로 일했습니다."

▶ 세대주와는 어떻게 만나 결혼하셨는지요?

"세대주도 이곳 출신입니다. 지금은 많이 달라졌지만 내가 결혼하던 10년 전에는 중매로 결혼하는 것이 일반적이었지요."

▶ 관리위원장이 되기 위해서는 어떤 특별한 자격이 있어야 합니까?

"무엇보다도 농장원들의 신임을 받아야죠. 능력도 있어야 하고…."

"작업반장에서 관리부위원장을 제치고 관리위원장으로 승진한 것을 보니 농장원들의 신임도 높고, 능력도 인정받은 모양입니다"라고 하자 윤 관리위원장은 약간 상기된 얼굴로 웃기만 했다. 말은 별로 없지만 '뚝심 있는 여장부'의 인상이 풍겼다.

▶ 2012년 '강성대국의 대문'을 열기 위해서는 농업분야에서 곡물생산량을 결정적으로 늘리는 것이 중요하다고 봅니다. 앞으로 5년 동안 청산협동농장의 목표는 무엇입니까?

"꾸준히 종자를 개량하고, 이모작을 늘려나갈 계획입니다. 먼저 올해 지난해보다 많은 수확량을 얻는 것이 과제입니다."

걸으면서 이야기를 하다보니 협동농장의 탁아소와 유치원, 청산원이 자리잡고 있는 곳에 도착했다. 유치원 옆에 있는 청산원에 들어서니 목욕탕과 이·미용실, 상점 등이 눈에 들어왔다. "청산원은 농장원들을 위한 복합편의시설로 2006년 봄에 건립했습니다. 한번에 50명까지 수용할 수 있는 목욕탕과 사우나는 물론 텔레비전과 녹음기, 녹화기(비디오)를 고쳐주는 수리점과 양복과 조선옷(한복)을 맞춰주는 의상실을 갖추고 있습니다."

공장
기업소

북의 모든 공장과 기업소, 연합기업소는
'전인민적 소유'(국영)이며, 기본적으로 국가의 계획에 따라 공장을 운영한다.
모든 공장과 기업소에는 당위원회가 조직되어 있다.
모든 공장과 기업소의 생산 및 관리활동은 공장당위원회의 집체적 지도와 책임 아래
이루어지며 당 비서와 지배인, 기사장이 공장 운영을 주도한다.
임금은 성과급에 따라 다르게 월별로 지급된다.

북쪽 계획경제의 동력

대안의 사업체계에 기초한 집단적 협의 운영

남포특별시 령남배수리공장
근로자들이 갑판을 수리하고 있다.

당 비서, 지배인, 기사장의 3위1체

"공장과 기업소의 지배인, 기사장, 당 비서 등 공장을 운영하는 핵심간부들은 매일 만난다고 봐야죠. 3위1체란 말이 있듯이 세 사람이 수시로 만나 공장의 운영 전반에 대해 토의합니다. 집단주의적 방식으로 공장을 운영하는 것이죠. 그 중 공장을 운영하는 데 걸리는 기술적 문제를 주로 기사장이 맡아 처리합니다. 새로운 기술을 받아들이기 위해 다른 공장의 기사장들과도 자주 기술협의회를 조직합니다."

북쪽 공장의 운영과 관련된 평양건재공장 고영호 기사장의 설명이다. 북의 공장과 기업소는 공장운영과 관련된 중요 사안은 공장당위원회에서 토의 결정한다. 공장당위원회는 최고 정책결정기관으로 당비서, 행정간부, 지배인, 기사장, 기술자, 근로자 등이 참여한다. 당위원회에서 결정된 사안들은 당비서·지배인·기사장이 구체적인 실무협의를 거쳐 추진한다.

지배인은 자재공급사업, 후방공급사업 등 공장관리 전반에 대한 행정 및 경제활동을 지도하고, 당비서는 공장의 전반 사업들이 원활히 잘 진행되도록 정치 사업을 수행한다. 1962년부터 실시된 이 같은 공장 운영 방식을 북은 '대안의 사업체계'라고 한다.

북의 생산체계는 아래부터 작업반→직장→분공장→공장의 형태로 이루어져 있다. 보통 작업반은 25~30명 정도, 직장은 100여명, 분공장은 200~300명으로 구성된다. 생산의 전문화와 협업화를 위해 지역별, 업종별로 공장·기업소를 여러 개 묶어 연합기업소를 구성하기도 한다.

1. 평양 평천구역의 노동자들이 2층버스와 자전거를 타고 출근하고 있다.

2. 함경북도 회령군에 있는 회령구두공장 노동자들이 구두밑창을 생산하고 있다.

1. 평양시 사동구역 송화동에 있는
   대동강맥주공장의 전경.
   이 공장은 2001년 완공돼
   2002년 2월부터 대동강맥주를
   생산하기 시작했다.
   연간 생산능력은 7만㎘이며,
   매일 평양시내 150여 개 맥주집에
   맥주를 공급한다.
   전체 종원업은 약 500명이다.

2. 평양시 대동강맥주공장의 노동자들이
   맥주를 생산하고 있다.
   양조공정 설비는 영국에서 들여왔고,
   맥주의 원료가 되는 물은
   대동강 상류인 미림지역에서,
   주원료인 보리는 황해도에서 가져온다.

3. 대동강맥주공장의 주조정실.
   설비는 독일 라우스만
   회사에서 들어왔고,
   조절시스템은 북측이
   독자적으로 개발했다.

1. 대동강맥주공장의 건조실.
   보리원료를 건조하는 곳으로
   컴퓨터로 자동 온도 조절을 한다.

2. 대동강맥주공장 노동자가
   생산된 대동강맥주를 싣고 있다.

3. 대동강맥주공장에서 생산된 생맥주들.

평양화장품공장 세숫비누직장
여성노동자들이 미소를 짓고 있다.
2003년 개건된 평양화장품공장에는
세숫비누직장, 치약직장, 화장품직장,
고무동력작업반 등이 있다.

1. 평양화장품공장의
   기동예술선전대 소속 부부노동자가
   노래를 부르고 있다.
   북녘의 협동농장과 공장·기업소에는
   노동자들로 예술선전대가
   구성돼 있다.

2. 평양화장품공장 세숫비누직장
   여성노동자들이 생산된 비누를
   용기에 담고 있다.

3. 평양화장품공장 건물 내부의
   선전화와 게시판.

평양화장품공장 치약직장 노동자가
치약용기 생산공정을 지켜보고 있다.

1. 평양화장품공장의 여성노동자들이
   예술선전대의 노래를 들으며
   휴식을 취하고 있다.

2. 평양화장품공장의 여성노동자가
   포장지 생산공정을 지켜보고 있다.
   신의주화장품공장과 함께
   북녘의 대표적인 화장품공장인
   평양화장품공장에서는 '은하수'라는
   상표의 화장품을 생산,
   평양 인근에 유통시키고 있다.
   최근에는 인삼과 꿀 등 천연물질을
   함유해 피부 노화방지나
   주름 제거에 효과가 있는
   로션과 크림 제품 등
   기능성 화장품도 생산하고 있다.

북의 노동법은 8시간 일하고, 8시간 쉬고, 8시간 학습하는 것을 원칙으로 삼고 있다. 하루 노동시간은 노동부문의 특성에 따라 8시간, 7시간, 6시간 등 차이를 두고 있다. 하루의 일과는 직종에 따라 다소 차이가 있지만, 대부분 노동자들은 아침 6시에 출근해 작업반별로 방송을 듣고, 노동신문의 사설, 논설 등을 읽는 '독보회' 등을 통해 30분간 학습 한 후, 작업복으로 갈아입고 현장노동을 하게 된다.

8시~정오까지 오전일과, 정오~2시까지 점심시간과 휴식시간이 주어지고 2시~6시까지 오후일과로 정해져 있다. 일과는 50분간 일하고, 10분간 휴식을 취하는 것을 원칙으로 하고 있다. 오후 작업이 끝나면 모든 공장·기업소의 노동자들은 생활총화나 학습, 강연회 등의 시간을 갖는다. 특히 오후 작업이 끝난 후 작업반별 또는 직장별로 약 1시간 동안 그날의 작업성과를 평가하고 반성하는 작업총화 시간을 가져 생산과정에서 발생하는 손익의 원인과 결과를 분석한다.

북은 근로자의 임금을 '생활비'라고 부른다. 생활비는 기본노임, 가급금, 상금 및 장려금으로 구성되어 있다. 기준 생활비는 1,800~7,000원까지 다양하지만 독립채산제를 적용하기 때문에 성과급에 따라 공장, 직장별로 근로자들이 한 달에 받는 생활비는 차등이 주어진다. 다만 대부분의 사무원들은 정액임금 근로자다.

특히 북은 1970년대 후반부터 당·정 간부 및 사무원들을 대상으로 매주 1회씩 금요일에 의무적으로 육체노동에 참여하도록 하는 '금요노동'을 실시하고 있다. 최근 세대교체가 빠르게 진행되면서 지배인들의 연령이 40대 전후로 젊어졌다.

평양방직공장 노동자들이 업간체조를 하고 있다. 업간체조는 북녘의 노동자들이 오전과 오후에 일과 2시간 후에 각각 15분씩 하는 체조를 말한다. 중노동직장에서는 하지 않으나 경노동 직장과 사무직장에서는 반드시 하도록 되어 있다. 예전 남쪽의 국민체조와 비슷한 것이다.

경공업제일주의 방침을 철저히 관철하자 !

1. 평양의 노동자들이 인민대학습당에서
   6개월과정의 영어학습을 받고 있다.

2. 높은 경쟁률을 뚫고 선발된 평양의
   노동자들이 캐나다 원어민 강사로부터
   영어를 배우고 있다. 인민대학습당
   해설강사는 "인민대학습당 홈페이지를
   통해 신청한 노동자 중에서 선별해
   초급부터 고급과정까지 영어강습을
   하고 있다"고 말했다.

1. 여성근로자들이 출근해 조업 전에
   새로 나온 노래를 배우고 있다.

2. 여성근로자들이 출근해 정치학습을
   받고 있다. 북녘의 공장·기업소
   근로자들은 정치(사상)학습,
   기술학습을 정기적으로 받으며, 매주
   토요일에는 생활총화 시간을 갖는다.

3. 평양시 창광거리에 있는 식당의
   봉사원들이 오후 3시에 길거리에
   모두 나와 업간체조를 하고 있다.

1·2. 남포특별시 령남배수리공장에
　　붙어 있는 각종 구호판과
　　'생산 및 재정총화 경쟁표'.
　　'생산 및 재정총화 경쟁표'를 통해
　　월별로 공장의 수출입 및 생활비 지급
　　내역 등 모든 재정 상황이 공지되고
　　노동자들에게 당일 각 직장별, 노동자별
　　근로시간을 확인시켜 준다.

3. 평양선교편직공장의 내부에 있는
　　사회주의경쟁도표와 모범노동자들을
　　소개하고 있는 게시판.

하루 일과를 마치고 여성근로자들이
직장 앞 도로를 청소하고 있다.

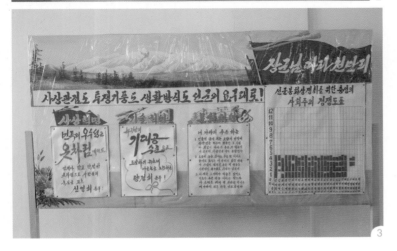

1. 평양시 대동강구역 청류3동
   53인민반 주민들이 27인민반 주민들과
   배구경기를 하고 있다.
   인민반은 동(洞) 산하에 조직돼 있는
   행정조직으로 남쪽의
   통·반에 해당된다.

2. 하루 일과를 끝낸 북쪽의 노동자들이
   창광거리에 있는 맥주집에서
   호프를 마시고 있다.

3. 퇴근한 노동자들이 집에 들어가기에
   앞서 매점에서 물건을 사고 있다.

퇴근하는 노동자들이
상점에 들러 여러 가지 물건을 사서
집으로 가고 있다.
북녘 노동자들의 출퇴근 시간은
직장·직종별로 차이가 있다.

5월 1일 국제노동절

북에서는 5월 1일을 국제노동절이나 노동절이라고 한다. 국제노동절은 자본주의 사회에서 최초로 '8시간 노동제'를 요구한 미국 노동자들의 투쟁을 기념하고 5월 1일 시위에서 경찰의 발포로 발생한 희생자들을 추모하기 위해, 1889년 파리에서 열린 제2차 인터내셔널에서 이 날을 전 세계 노동자들이 항의집회를 여는 날로 결정한 것에서 비롯됐다.

북은 1950년부터 노동절을 국가 공휴일로 지정하여 이를 기념하고 있다. 북에서는 이날을 '노동자의 생일'로 여겨 각 지역의 직업총동맹 별로 기념대회를 연다. 기념대회는 오전 행사로만 끝나고, 오후에는 평양시 명소 일대가 가족단위 나들이객들로 가득찬다. 또 이 날이 되면 북녘 전역의 경기장과 유원지에서 체육경기와 예술공연을 진행하여 명절 분위기를 돋운다.

국제노동절을 맞아
직장별로 보통강가에 나온
평양의 근로자들이 노래자랑을 하며
즐거운 시간을 보내고 있다.

2005년 국제노동절을 맞아 릉라도에서
진행된 체육경기에서 중앙열망사업소
근로자들이 남녀이어달리기 경기를 하고
있다.

◀····

1. 평양의 근로자들이 국제노동절을 맞아
   평양 릉라도에서 진행된
   직장대항 체육경기를 즐겁게
   지켜보고 있다.

2. 2005년 국제노동절을 맞아
   평양 릉라도에서 열린 직장대항
   체육경기에서 평양의 근로자들이
   줄다리기를 하고 있다.

1. 5월 1일 국제노동절을 맞아
   평양의 근로자들과 평양주재
   외국인들이 참여한 가운데
   대성산유원지에서 각종
   체육경기를 하고 있다.

2. 5월 1일 국제노동절을 맞아
   만경대공장 등 평양의 여러 공장
   근로자들이 대성산유원지에서
   2인 3각 경기를 하고 있다.

명 절

북에서 명절은 남쪽보다 훨씬 포괄적인 개념으로 각종 국경일과
기념일, 민속명절을 통틀어 부르는 명칭이다.
북의 '사회주의 명절'로 손꼽히는 날은
김일성 주석과 김정일 국방위원장 생일, 조선인민군 창건기념일(4월 25일),
국제노동자절(5월 1일), 해방기념일(8월 15일), 정권 창건기념일(9월 9일),
당 창건기념일(10월 10일), 헌법절(12월 27일) 등이다.
국제기념일로는 국제부녀절(3월 8일), 국제노동자절(5월 1일),
국제아동절(6월 1일), 비동맹의 날(9월 1일) 등이 지정돼 있다.

태양절, 당창건기념일 등
'사회주의 명절'

설, 추석 등 민속명절 풍경은 남쪽과 똑같아

김일성 주석의 생일날인
태양절을 맞아 평양 시민들이
김일성광장에 나와 춤을 추고 있다.

북의 최대 명절은 4·15와 2·16

북에서 가장 큰 명절은 김일성 주석의 생일(4월 15일)인 태양절과 김정일 국방위원장의 생일(2월 16일)이다. 김일성 주석의 생일이 태양절이란 명칭으로 불리기 시작한 것은 1997년 7월 8일 3주기 때였다.

태양절 행사로는 만경대상 체육대회, 4월의 봄 친선예술축전 등이 열린다. 김정일 국방위원장의 생일 행사는 1974년 2월초 김일성 주석의 후계자로 김정일 위원장이 공식 지명된 32회 생일 때부터 시작되어 1976년에는 정식 휴무일로 지정됐다.

2·16을 기점으로 매년 백두산 밀영 고향집과 정일봉 답사 행군, 혁명사적지 탐방, 사진전람회, 영화감상회, 김정일화 전시회 등 다채로운 행사와 공연들이 펼쳐진다.

2월 16일 김정일 위원장의 생일 (김정일 사후에 광명절로 지정)을 맞아 평양체육관 앞 광장에서 각 직장대항 줄다리기를 하고 있다.

2월 16일 김일성 국방위원장의 생일을 맞아 평양 체육관에서 집단체조가 열리고 있다.

1. 4월 15일 인민문화궁전에서
   열린 태양절기념 전국예술축전에
   참여한 평양의 시민들이 공연을
   보고 나오고 있다.

2. 태양절을 맞아 평양을 방문한
   재일동포대표단이 기념식수를
   하고 있다.

3. 태양절 기념 음악회에서
   성악가수가 노래를 부르고 있다.

1. 태양절을 맞아 창전소학교에서
   학생들에게 학용품 등
   선물증정식이 열리고 있다.

2. 태양절 기념 체육대회 개막식 모습.

1. 평양 주재 외교관들이 사진전시회에
   참석해 전시된 사진들을 보고 있다.

2. 평양 김정일화전시관에서
   김정일화전시회가 열리고 있다.

3. 김정일 국방위원장의 생일을 맞아
   국립교향악단의 공연이 열리고 있다.

김일성 주석의 생일날인 태양절을 맞아
김일성광장에서 열린 야회에서
평양의 남녀들이 나와 춤을 추고 있다.

노동절과 부녀절

남쪽에서 '근로자의 날'로 잘 알려진 5월 1일은 북의 국가적인 기념일이다. 중앙보고대회를 비롯해 다양한 행사들이 열리고 공장, 기업소들마다 축구, 농구, 배구 등의 체육경기와 밧줄 당기기, 발목 매고 달리기, 윷놀이 등 다채로운 오락경기가 벌어진다.

조선인민군 창건기념일(4월 25일)도 북에서는 국가적 명절이다. 남에서는 국군의 날이 휴무일에서 제외된 데 반해 북은 1995년까지 군인들만 쉬던 조선인민군 창건기념일을 1996년부터 4월 25일에서 26일까지 양일간 휴일로 정해 모든 주민이 쉰다.

북에서는 정권창건기념일(9월 9일)도 중요한 명절이다. 다양한 예술공연 외에 김일성 광장에서 수만 명의 육해공군 열병식 등 군중시위가 진행된다. 조선로동당 창당기념일인 10월 10일에도 평양대극장, 모란봉극장, 윤이상음악당, 평양교예극장 등 평양과 지방의 극장 및 공연장에서 축하공연과 영화상영이 열린다.

1. "3월 8일은 세대주가 밥하는 날".
3·8국제부녀절을 맞아 남편들이
아내에게 줄 꽃을 사고 있다.
부녀절에는 북녘 남자들도
집안일을 돕는다고 한다.

2. 부녀절을 맞아 특식을 봉사한다는
안산관 원형식당의 안내문.
부녀절날 세대주(남편)는
기념품을 마련해 선물하기도 하고,
식당에 초대해 식사를 대접하거나,
앞치마를 두르고 식사를 직접
차리기도 한다. 평양의 식당들에서도
'3·8부녀절 특별봉사' 간판을 내걸고
음식차림표를 새로 짜서 선보인다.
이날 세대주들이 안해(아내)에게
불러주는 노래가 '안해의 노래'이다.

"살펴주는 그 눈길 떠날 새 없고
젖어 있는 그 손길 마를 새 없네
사랑없인 잠시도 못 사는 마음
저를 위해 바친 건 하나 없어라
안해여 안해여 그대는 나의 길동무"

노동절을 맞아 대동강변에 나온 한
가족이 즐거운 한때를 보내고 있다.

'우리민족 제일주의' 따라 음력설 부활

민속명절로는 설날, 한식, 추석, 단오 등을 지낸다. 과거 일종의 봉건잔재로 여겨졌던 민속명절은 1988년 추석이, 1989년 설과 단오가 차례로 민속명절로 지정되면서 휴무일이 되었다. 또 이런 민속명절 때는 친척도 만나고 제사도 지낼 수 있도록 여행증명서 없이 기차를 타고 이동할 수 있다. 귀성, 귀경객들을 위해 명절 기간 대중교통의 운행시간을 연장하는 것도 남과 북이 비슷하다.

설날이면 아침 일찍 일어나 새옷으로 갈아입고 차례를 지낸다. 차례상에는 몇 가지 음식과 함께 반드시 떡국을 올리기 때문에 설날 차례를 '떡국차례'라고 부르기도 한다. 이른 새벽 차례를 지낸 다음에는 일가친척, 이웃들, 스승을 찾아가 세배를 한다. 정월대보름도 음력설에 이어지는 빼놓을 수 없는 명절이다. 거리마다 '민속명절 정월대보름'이라 쓰인 축등이 걸리고 식당에서는 오곡밥과 약밥은 물론 고기쟁반국수, 냉면, 산적, 신선로, 녹두지짐, 도라지생채 등 각종 전통음식들로 명절 분위기를 돋운다.

음력 8월 15일인 추석은 대부분의 주민들이 고향 가까이 살기 때문에 남쪽만큼 귀성전쟁이 심각하지는 않다. 때문에 추석날 하루만 쉬지만 성묘를 하고 한가위 음식을 나누며 민속놀이를 하는 풍경만큼은 남북이 비슷하다. 다만 북쪽에서는 집에서 차례를 지내고 성묘를 하는 것이 아니라 쌀밥과 송편, 돼지고기, 사과, 감, 밤, 대추 등의 과일과 계란, 두부, 콩나물 정도의 간소한 차례상을 산소에 차려놓고 예를 올린다.

평양의 소학교학생들이
설 명절을 맞아 김일성광장에 나와
다양한 민속놀이를 하고 있다.

◀···
1. 명절을 맞아 평양시민들이
   상점에서 술 등의 식료품을
   사고 있다.

2. 설날을 맞아 3대가 함께 모여
   연주와 노래로 즐거운
   한때를 보내고 있다.

3. 설날에 김일성광장에 나온 학생들이
   단체로 줄넘기를 하면서 놀고 있다.

···▶
1. 설날을 맞아 김일성광장에
   나온 학생들이
   제기차기 시합을 하고 있다.

2. 설날 김일성광장에
   나온 학생들이 팀을 나눠
   팽이치기를 하고 있다.

종교생활

서구의 시각과 입장에서 봤을 때 북의 종교는 여전히 의혹의 대상이다.
그럼에도 불구하고 분명한 것은 현재 북에는 각종 종교시설과
종교조직, 종교인들이 실재하고 있다는 사실이다.
장충성당, 광법사, 봉수교회 등의 종교시설에 김일성 주석이나
김정일 국방위원장의 초상과 휘장이 보이지 않는 점도 이채롭다.
북은 '우리식 사회주의'에 맞는 형식과 모습을 띤 종교와 신앙생활을 인정하고 있다.

'우리식 사회주의'와 공존하는 북녘 종교

1980년대 이후 종교활동 활성화

개성특급시 고려동 송악산 남쪽
기슭에 있는 안화사와 관리원(스님).
안화사는 930년 처음
안화선원이라는 이름으로
창건되었으나, 1118년에 크게
중창하고 이때 안화사로 개칭했다. 현재의
건물은 일제강점기에 중창된 것으로
대웅전, 오백성전(나한전),
칠성전, 7층석탑이 남아 있다.
북에서는 전국적으로 60여 개의
사찰이 보존되어 있다.

북의 천주교, 신부와 수녀 대신 신도회장이 강론

북의 천주교는 1980년대 초반부터 천주교인협회 준비위원회를 결성하고 '신자찾기 운동'을 전개해 800명 정도의 신자를 찾았다. 이렇게 1988년 6월에 결성된 단체가 조선가톨릭협회다. 이들 800여 명은 같은 해 9월 장충성당을 짓는 데 주도적인 역할을 한다. 이 단체는 이후 1999년 조선가톨릭교협회로 명칭을 바꾸었다.

북에서 천주교는 평양을 중심으로 한 평양교구, 원산을 중심으로 한 동해교구, 평성을 중심으로 한 서해교구로 나뉘는데 이 가운데 과거 천주교가 들어오고 번창했던 황해도 지역인 서해교구가 신도 수 1,400여 명 정도로 가장 활성화돼 있다.

하지만 북의 성당에서는 남측처럼 미사를 집전하는 신부나 수녀가 아직 없다. 때문에 신도회장이 신부를 대신해 강론을 펼친다. 북의 성당 감실에도 성체와 성혈이 모셔져 있지 않다. 때문에 성체 축성이 아닌 공소예절을 드린다. 이를 두고 외부에서는 북의 천주교가 아직 불완전하다고 지적한다.

주기도문이 끝난 후
차성근 신도회장이
신부를 대신해서 강론을 펼쳤다.
강론의 요지는 주로 교인들이
사회봉사를 많이 하라는 것이었고,
강론 도중 신도들은 "아멘"이라며
강론에 호응했다.

2004년 5월 30일 평양 장충성당에서
평양의 천주교신자들이 남측
방문객들과 함께 예배를 보고 있다.
200여 명의 신도들이 주기도문을
외우고 있다.
"하늘에 계신 우리 아버지,
아버지의 이름이 거룩히 빛나시며
아버지의 나라가 오시며
아버지의 뜻이 하늘에서와 같이
땅에서도 이루어지소서! … 아멘"

2004년 5월 30일 장충성당에서
공소예절을 마치고 예배의 마지막
순서로 신도들이 헌금을 하고 있다.
어떤 이는 동전을 내기도 하고
어떤 이들은 지폐를 내기도 한다.

1. 미사포를 쓴 여성 신도들이
   찬송가를 부르고 있다.

2. 2002년 10월 장충성당을 방문한
   천주교정의구현사제단 소속 신부와
   북측의 여성 신자들이 손을 맞잡고
   찬송가를 부르고 있다.

3. 장충성당에는 북측 천주교 관계자가
   교황을 예방했을 때 찍은 사진과
   교황청이 선물한 미사경본이
   전시돼 있다.

장충성당의 외관.
평양시 선교구역 장충동에 있는
장충성당은 1988년 9월 건립됐다.

1. 평양 봉수교회 성가대가 찬송가
   〈우리 주님께〉를 연습하고 있다.

2. 미사를 마친 평양의 천주교 신자들이
   장충성당을 나오고 있다.

북쪽 개신교를 대표하는 조선그리스도교연맹

북쪽 개신교를 대표하는 조직은 조선그리스도교연맹이다. 연맹은 1946년 강량욱 목사에 의해 창설되어 현재에 이르고 있다. 조직은 조선기독교연맹(교단, 4년에 한 번씩 총회) – 도연맹(노회, 10개 특별시) – 시군연맹(시찰회, 50개 시군) – 가정예배소(교회, 500여 개)로 구분된다.

개신교 신자는 약 1만 명으로 이 가운데 6,000여 명이 연맹에 가입했으며 연맹 회원과 비회원 모두에게 성경과 찬송가를 배부하고 있다. 개신교의 대표적인 교회는 봉수교회다. 평양시 만경대구역 보통강변에 위치한 봉수교회는 1988년 9월 건립됐는데 신도 수는 350명(2004년 7월 기준) 가량. 담임목사와 부목사 2명, 장로와 전도사를 합해 교직자는 전체 25명이라고 한다. 봉수교회 바로 옆 언덕을 지나면 신학자를 배출하는 평양신학원도 있다. 평양신학원은 매년 학생들을 선발하지 않고 기수별로 입학을 시킨다.

1. 평양신학원 자료실에 있는 종교 관련 서적들. 미국에서 활동하던 홍동근 목사가 기증한 것이다.

2. 평양신학원의 정문과 현판. 신학원 강의실 한쪽 벽에는 성경 구절이 여러 개 적혀 있다. "령혼이 없는 몸이 죽는 것과 마찬가지로 행동이 없는 믿음도 죽은 믿음입니다." – 야고보서 2장 26절.

북의 대표적인 개신교회인 평양 봉수교회의 전경. 신도수는 350여명 정도이며 점점 늘고 있는 추세라고 한다.

60여 개의 사찰 보존

동양의 전통 종교인 불교는 어떨까. 북의 불교는 남쪽과 같이 조계종을 표방하며 《금강경》을 주 경전으로 삼고 있다. 또한 불교의 3대 명절인 열반절(음력 2월 15일), 석가탄신일(음력 4월 8일), 성도절(음력 12월 8일)에는 기념법회도 열고 있다. 차이가 있다면 북의 승려들은 모두 결혼을 할 수 있는 대처승이라는 점이다. 대처승 제도는 남쪽의 진각종에도 있는데 삭발도 스님의 자유다. 조선불교도연맹은 사회주의 헌법에서 신앙의 자유를 허용한 직후인 1973년 8월에 생겨났다. 현재 평양의 광법사와 용화사, 개성 관음사 등 60여 개 사찰에 신도 수는 1만여 명 정도, 승려는 300명 가량인데, 이들은 1989년 설립된 승려교육기관인 불교학원에서 배출되고 있다.

◁···
2007년 5월 평양 광법사에서 열린
통일기원 남북 동시법회의 모습.

···▷
황해북도 정방산 성불사
응진전의 내부 불상 모습.

1. 북측 지역 최대사찰인 평안북도
   묘향산의 보현사 전경.

2. 2007년 5월 드라마 〈주몽〉에 출연했던
   송지효와 안용준씨가 평양 광법사에서
   열린 통일기원 남북 동시법회에 참석해
   북녘의 스님들과 인사하고 있다.
   북의 국보유적 제164호로 지정돼 있는
   광법사는 대성산 기슭에 자리잡고
   있으며, 392년(광개토왕 1년)
   아도화상(阿道和尙)이 창건한 것으로
   전해진다. 북은 1952년 전쟁 때 전소된
   광법사를 1990년에 조선시대 건축형태
   그대로 복원했다. 광법사가 복원되면서
   1965년부터 함경북도 중흥사(中興寺)에
   있던 북의 승려양성 및 교육기관인
   불학원(佛學院)이 이곳으로 옮겨왔다.

황해북도 사리원시 인근 정방산에 있는
성불사 극락전과 5층석탑.

평양에 세워진 북 최초의 러시아정교회 정백사원

북의 천도교는 상대적으로 당국의 배려를 많이 받아왔다. 천도교는 1946년 2월 조선로동당과 우당 관계에 있는 천도교청우당을 결성했고 조선천도교회를 지어 활동하고 있다. 현재 신자 수는 1만 5,000명이며 1986년부터 천도교를 기념하는 천일기념식을 개최하고 있다.

한편, 지난 2006년 8월 13일에는 북쪽 최고의 러시아정교회 사원인 정백사원이 락랑구역 정백동에 모습을 드러냈다.

삼위일체교회라고도 하는 정백사원은 김정일 국방위원장이 2002년 8월 러시아 블라디보스토크 순방 시 러시아정교회 전통 성화인 '이콘'을 선물 받고 이를 "평양 러시아정교회 사원에 보관하겠다"고 약속한 것이 계기가 됐다. 김 위원장의 러시아 순방 이듬해에는 조선정교회위원회가 설립되어 사원 건립이 추진됐다. 현재 정백사원에는 2003년 3월부터 교환학생 자격으로 모스크바 신학교를 유학한 효드 페오도르(김회일) 신부가 봉직하고 있다.

주체사상과 종교가 충돌하지는 않을까. 북쪽의 한 인사는 김일성 주석이 집필한 회고록《세기와 더불어》에도 "온 세상 사람들이 평화롭고 화목하게 살기를 바라는 나의 사상은 종교와 모순되지 않는다고 생각한다"는 구절이 있다며 그런 일은 없다고 말했다. 북은 그들 사회에 맞는 형식과 모습을 띤 종교와 신앙생활을 인정하고 있으며 점차 신자 수도 늘고 있다고 한다.

장충성당, 광법사, 봉수교회 등의 종교시설에 김일성 주석이나 김정일 국방위원장의 초상이 보이지 않고, 신도들도 종교행사 때 휘장을 달지 않는 모습이 이채롭다.

2003년 6월 평양에서 열린 정백사원 착공식에 앞서 러시아정교회의 클리멘트 대주교가 축성예식을 하고 있다.

2006년 3년여간의 공사 끝에 완공된 러시아
정교 사원인 정백사원의
준공식이 러시아 정교회 신부들과
북측 시민들이 참석한 가운데
열리고 있다.

1. 2003년부터 교환학생 자격으로 모스크바
   신학교에 유학하고 돌아온 효드
   페오도르(김회일) 신부.

2. 평양시 락랑구역에 세워진
   정백사원의 외부 전경.

3. 정백사원의 내부 전경.

제례문화

북에서는 가족, 친척들이 사망하면 3일제, 돌제, 3년제를 크게 지내고,
기일이나 추석날이면 묘를 찾아 제를 지낸다.
추석과 같은 민속명절이면 벌초도 하고 제사를 지내거나
꽃을 봉분이나 상돌[床石] 앞에 놓고 고인을 추모하며 묵상을 한다.
명절에 조상의 묘를 찾는 것이 우리민족의 전통인 만큼 주요명절이면
공동묘지로 향하는 주민들을 실어 나르기 위해 각 운수사업소에서는
'버스기동대'를 이른 아침부터 밤 늦게까지 특별운행하기도 한다.
평양 성묘객이 조상의 무덤을 찾아 풀을 베고 잔디도 입히며
차례를 지내는 것은 남녘과 다름이 없다.
하지만 화장이 일반화되고 1998년 이후 유골보관실이 설치되면서
북의 제례문화는 빠르게 변화하고 있다.

90년대 들어 화장 적극 권장

평양 각 구역마다 유골보관실 마련

추석을 맞아 평양시 력포구역에
있는 해외동포묘역에 성묘하러 온
가족들이 절을 하고 있다.

1998년 화장법 발표

북녘에서는 국가적으로 매장보다는 화장을 장려하고 있다. 1998년에는 화장법(火葬法)을 채택하기도 했다. 특히 평양시를 비롯한 큰 도시들에서 화장이 기본추세로 되어 있고, 유골을 보관실들에 맡기는 사람들도 적지 않다.

평양의 경우 화장은 강남군에 있는 오봉산봉사사업소에서 행해진다. 또한 평양시의 거의 모든 구역에는 '유골보관실'이 마련돼 있다.

유골보관실은 그리 크지 않은 건물에 수만 구의 유골함들이 들어 있어 하나의 큰 묘라고도 할 수 있다.

유골보관실이 생겨나기 전에 평양 시민들은 가족, 친척들 중에 누가 사망하면 시 주변의 야산에 좋은 자리를 골라 유해를 묻고 3일제, 돌제, 3년제뿐 아니라 추석날이면 묘를 찾아 제를 지내곤 했다.

하지만 세월이 흐름에 따라 시 안에 인구가 늘어나고 시 주변에 묘들이 많이 생겨 추석날이면 묘를 찾는 사람들로 하여 교통이 매우 복잡하였다. 이에 대한 대책으로 북은 1998년부터 매 구역마다 사망한 사람들의 유골을 보관할 수 있는 유골보관실을 설치하기 시작했다. 대표적으로 보통강구역미화사업소의 유골보관실도 이때 마련됐다.

"우리 보관실은 구역관내의 사망한 사람들의 령구가 오봉산봉사사업소에서 화장되어 나오면 그 유골들을 보관하고 임의의 시각에 봉사해주는 기능을 수행하고 있습니다.

유골보관실이 생기게 되면서부터 시민들은 유골을 시 주변에 묻지않고 각기 자기 구역관내의 유골보관실에 맡기게 되었고 주변에 있던 유해들도 화장하여 보관실에 맡김으로써 제를 지내려고 먼

1. 평양 력포구역 해외교포묘역에 성묘하러 나온 북녘 주민들. 가족 단위로 조상의 묘를 찾아 제를 지내는 것은 남북의 공통된 추석 풍경이다.

2. 추석을 맞아 평양시 해외동포묘역에 성묘하러 온 가족들이 각종 음식을 차려 놓고 술을 따르고 있다.

곳까지 가던 부담을 덜게 되었습니다."

보통강구역미화사업소 유골보관실의 윤봉군 관리원의 설명이다. 이 유골실은 12개의 방들로 나뉘어 3만 구 이상의 유골함들을 보관할 수 있다. 그 중 2개의 방에는 구역관내의 항일혁명열사와 애국열사로 추도된 유가족들의 유골들을 보관한다.

보관실에서는 유골함이 들어오면 장부에 등록하고 보관증을 발급한 다음 보관증을 상주에게 주고 부본은 유골함에 붙여 보관한다.

유골함을 맡기기 전에 상주를 비롯한 가족, 친척들은 보관실 마당에 있는 제터에서 유골함을 놓고 제상을 차린 다음 상주순서대로 세번 절을 하면서 제를 지낸다. 제터에서 제를 지낼 때 보관실에서는 고인을 추모하는 추도곡이 울린다.

가족, 친척들이 제를 지내고 나면 사망한 사람의 기관, 기업소에서 온 사람들이 고인을 추모하여 묵상을 한다. 제터에서 제를 끝낸 다음 사람들은 유골함을 맡기고 돌아간다.

1. 평양시 보통강구역미화사업소의
   유골보관실 전경.

2. 유골보관실 앞에는 제사를
   지낼 수 있도록 간단한 제단이
   마련되어 있다.

2008년 10월 28일 사망한
박성철 노동당 정치국 위원 겸
최고인민회의 상임위원회 명예
부위원장의 국가장 식장 모습.
국가장은 평양시 보통강구역 서장동에 있는
전용 장의예식장인 서장회관에서 치러진다.
영구를 안치하고 영구 앞단에는 영웅메달,
국기훈장 등 그가 생존시 받은 국가훈장을
전시해 놓는다.

추석에 유골보관실 가장 붐벼

보관실에는 사망한 사람의 유골을 맡기러 오는 사람들뿐 아니라 3일제, 생일제, 돌제, 3년제를 지내려고 오는 사람들도 있다. 그들은 보관증을 가지고 와서 유골함을 찾아 제터에서 제를 지낸 다음 다시 맡기고 돌아간다.

대체로 3년제가 지나면 보관실 마당에 있는 제터에서 제상을 차리지 않고 유골함 앞에 꽃다발, 꽃송이를 드리고 묵상을 한다.

윤봉군 관리원은 "보관실에 사람들이 제일 많이 찾아올 때가 추석날이다. 예로부터 추석날은 전통적으로 내려오는 민속명절이므로 사람들은 햇곡식으로 음식을 해 가지고 묘에 와서 제를 지내고 그 주변에서 가져온 음식들을 들면서 휴식을 하다가 돌아가곤 하였다. 이날 보관실 주변에는 이른 아침부터 저녁까지 많은 사람들로 붐빈다. 추석날에는 찾는 사람들이 너무 많아 보관실 관리원들도 미처 정신을 차릴 새 없이 분주하게 뛰어다녀야 한다"라고 말했다.

과거 평양의 일부 시민들은 불법으로 비밀묘를 쓰는 경우가 있었다. 평양시에는 중화군에 공동묘지가 있는데, 만경대구역 등 중화군에서 멀리 떨어진 지역에는 야산에 평판묘지가 많았다고 한다. 만경대구역에서 중화공동묘지까지 가려면 30킬로가 넘는데, 교통수단이 마땅치 않은 북에서 이렇게 먼 곳에 묘를 쓰면 1년에 한 번 가기도 어렵기 때문이다. 이럴 경우 비석도 세우지 못한다. 그래도 추석 때면 가족들이 나타나 묘를 정확히 찾아 제사를 지냈다고 한다.

하지만 평양의 각 구역마다 유골보관실이 마련되면서 이러한 불법행위와 불편은 사라져가고 있다. 평양에서 만난 민족화해협의회의

1. 평양시 대성산 주작봉 기슭에 있는 혁명열사릉은 북녘의 최고 국립묘지이다. 혁명열사릉은 1975년 10월 13일에 처음 문을 열었고, 1985년 10월 8일 재건 확장공사가 끝났다. 이곳에는 1930년대 만주지역에서 김일성 주석과 함께 동북항일연군에서 활동한 지휘성원 160여 명이 묻혀 있다.

2. 혁명열사릉에는 김일성 주석의 부인이었던 김정숙(1949년 사망)을 비롯해 김책 전 부수상, 김일 전 부주석, 최현 전 인민무력부장 등 북쪽 정권의 핵심 1세대라고 할 수 있는 인물들의 묘비와 흉상이 세워져 있다.

제례문화 | 90년대 들어 화장 적극 권장 | 291

한 관계자는 "과거에 일부 사람들이 기관에서 지정하지 않은 곳에 매장하는 경우도 있었지만 지금은 화장이 보편화되고 유골보관실이 꾸려지면서 그 같은 현상이 없어졌다"며 "아직까지 나이가 든 층에서는 화장에 거부감을 드러내는 사람도 있지만 젊은 세대들은 화장을 선호하고 있다"고 말했다.

남쪽에는 의외로 북에서는 "전통적 제례는 미신이며, 조상 숭배는 봉건적 찌꺼기"라고 비판하기 때문에 전통적인 제사는 없어졌다고 인식하는 경우가 많다. 하지만 조상을 잘 모시는 풍속은 북에도 여전히 강하게 남아 있다. 다만 번잡한 예식이 간소화됐을 뿐이다.

북쪽에서는 "죽은 다음에 효자노릇 하려 요란하게 차리지 말고 살아 계실 때 효도하자"는 분위기가 강하다고 한다. 북쪽에서의 제례는 김일성 주석의 교시가 하나의 기준이 되고 있다.

"음식을 많이 차려놓고 제사를 지내는 것은 낡은 생활 습관의 하나이다. 죽은 사람의 무덤이나 사진 앞에 많은 음식을 차려놓고 절을 하는 것은 아무런 의미도 없다. 제사를 지내는 것은 죽은 사람을 잊지 않기 위한 것이다. 그러므로 제삿날에 무덤에다 꽃을 가져다 놓던가, 가족들이 한자리에 모여서 경건한 마음으로 죽은 사람의 지난 날 투쟁을 회상하면서 그가 다 하지 못한 일을 살아 있는 사람들이 마저 하기 위하여 더욱 노력하자는 결의를 가지는 것이 좋을 것이다."

또 김일성 주석은 〈학생들을 사회주의, 공산주의 건설의 참된 후비대로 교육교양하자〉라는 연설을 통해 "죽은 사람을 추모하여 꽃다발이나 가져다놓는다면 몰라도 향불을 피우고 죽은 사람 앞에다 떡을 차려놓는 것이 무슨 소용이 있느냐?"며 "이것은 다 봉건시대의 낡은 사상과 습관의 표현"이라고 비판했다.

부 록

2008년 북녘의 내각 산하 중앙통계국은
유엔인구기금(UNFPA)의 지원 등으로
'2008년 인구센서스'를 실시했다.
'2008년 인구센서스'는 유엔이 권장하는 국제기준에 따라
인구, 교육, 경제활동, 건강, 주거환경 등
모두 53개 항목을 물었다.

북쪽 보통가정집,
방 2개 주택서 석탄 땐다

중앙통계국의 2008년 인구센서스로 본 북녘 생활

'북쪽 보통가정집' 방 2개 주택서 석탄 땐다

2008년 북녘의 내각 산하 중앙통계국은 유엔인구기금(UNFPA)의 지원 등으로 '2008년 인구센서스'를 실시했다. '2008년 인구센서스'는 유엔이 권장하는 국제기준에 따라 ▲인구 ▲교육 ▲경제활동 ▲건강 ▲주거환경 등 모두 53개 항목을 물었다. 설문조사 결과는 유엔에 제출됐다.

북의 '2008년 인구센서스' 최종 보고서를 보면, 성별 기준으로 총인구는 2,405만 2,231명(남성 1,172만 1,838명, 여성 1,233만 393명)이다. 북의 총 가구수는 588만 7,471가구다. 주택유형을 나눠보면 연립주택이 253만 4,435가구(43%)로 가장 많고, 단독주택 198만 8,415가구(34%), 아파트 126만 4,435가구가 그 뒤를 이었다. 주택 규모는 전체의 73%에 해당하는 432만 5,378 가구가 50~75㎡(약 15~23평형)이다.

식수는 전체 가구의 85%에 이르는 500만 3,904가구가 상수도를 통해 공급받는다. 화장실은 58%인 343만 4,306가구가 개별 수세식 화장실을 갖추고 있다. 재래식 화장실을 이용하는 가구도 35%인 204만 5,134가구에 이른다.

가구별 난방이나 취사용 연료는 석탄과 나무가 압도적 비중을 차지하고 있다. 난방연료는 석탄이 전체의 47%에 이르는 277만 3,238가구이고, 나무가 45%(265만 6,866가구)로 바짝 뒤를 따른다. 중앙·지역난방식은 5%인 26만 3,809가구다.

북쪽 사람들의 상당수가 텃밭 가꾸기 등 '부업' 성격의 가내 경제활동에 종사하고 있는 것으로 나타났다. 가내 경제활동에 종사한 경험이 있는 사람을 대상으로 '부업'의 형태를 물은 결과, 전체 인구의 56.2%인 976만 3,174명이 '과일·채소 등 텃밭'이라고 대답해 가장 많았다.

16세 이상 인구의 경제활동 상태에 대한 조사에서는 '일함'이 1,218만 4,720명으로 16세 이상 전체 인구의 70.2%였으며, '공부'가 94만 886명(5.4%), '노동능력 상실'이 15만 5,093명(0.9%), '은퇴'가 314만 7,553명(18.1%)이었다.

전체 인구를 학력별로 조사한 결과를 보면, 5세 이상 인구 2,234만 2,192명 가운데 59.4%(1,327만 7,533명)가 중학교(남쪽의 고등학교) 졸업(재학생 포함)으로 나타났다.

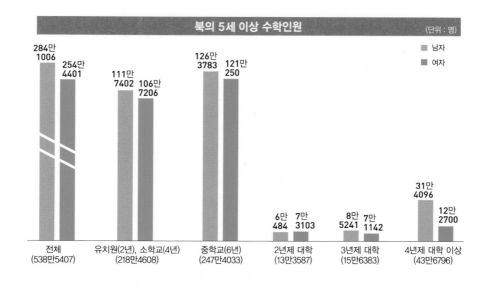

북의 5세 이상 수학인원 (단위 : 명)

■ 남자
■ 여자

- 전체
(538만5407)
  - 남자 284만1006
  - 여자 254만4401
- 유치원(2년), 소학교(4년)
(218만4608)
  - 남자 111만7402
  - 여자 106만7206
- 중학교(6년)
(247만4033)
  - 남자 126만3783
  - 여자 121만250
- 2년제 대학
(13만3587)
  - 남자 6만484
  - 여자 7만3103
- 3년제 대학
(15만6383)
  - 남자 8만5241
  - 여자 7만1142
- 4년제 대학 이상
(43만6796)
  - 남자 31만4096
  - 여자 12만2700

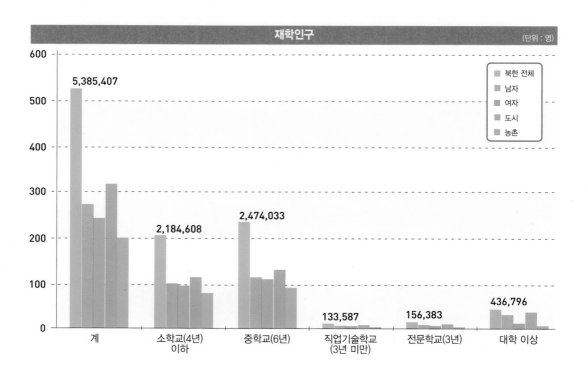

재학인구 (단위 : 명)

■ 북한 전체
■ 남자
■ 여자
■ 도시
■ 농촌

- 계 : 5,385,407
- 소학교(4년) 이하 : 2,184,608
- 중학교(6년) : 2,474,033
- 직업기술학교(3년 미만) : 133,587
- 전문학교(3년) : 156,383
- 대학 이상 : 436,796

직업분포 남북비교

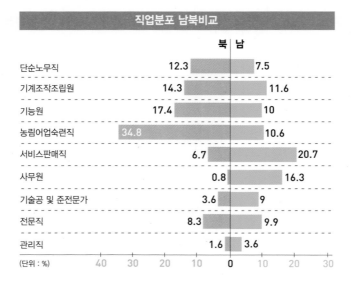

	북	남
단순노무직	12.3	7.5
기계조작조립원	14.3	11.6
기능원	17.4	10
농림어업숙련직	34.8	10.6
서비스판매직	6.7	20.7
사무원	0.8	16.3
기술공 및 준전문가	3.6	9
전문직	8.3	9.9
관리직	1.6	3.6

(단위 : %)

북녘의 주택과 연료 및 가족유형

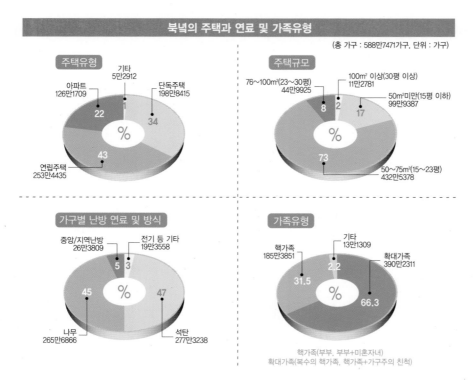

(총 가구 : 588만7471가구, 단위 : 가구)

주택유형
- 기타 5만2912 — 1%
- 아파트 126만1709 — 22%
- 연립주택 253만4435 — 43%
- 단독주택 198만8415 — 34%

주택규모
- 76～100㎡(23～30평) 44만9925 — 8%
- 100㎡ 이상(30평 이상) 11만2781 — 2%
- 50㎡미만(15평 이하) 99만9387 — 17%
- 50～75㎡(15～23평) 432만5378 — 73%

가구별 난방 연료 및 방식
- 중앙/지역난방 26만3809 — 5%
- 전기 등 기타 19만3558 — 3%
- 나무 265만6866 — 45%
- 석탄 277만3238 — 47%

가족유형
- 핵가족 185만3851 — 31.5%
- 기타 13만1309 — 2.2%
- 확대가족 390만2311 — 66.3%

핵가족(부부, 부부+미혼자녀)
확대가족(복수의 핵가족, 핵가족+가구주의 친척)

북녘의 경제활동 인구

16세 이상 인구 경제활동 상태
16세 이상 총인구 1736만6769명

- 일함 70.2(1218만4720명)
- 은퇴 18.1(314만7553명)
- 공부 5.4(94만886명)
- 가사 5.3(92만1191명)
- 노동능력 상실 0.9(15만5093명)
- 기타 0.1(1만7326명)

16세 이상 가내 경제활동 종사자
복수응답

- 과일, 채소 등 텃밭 976만3174명
- 고기잡이 가축사육 806만8787명
- 땔감 채취 653만2524명
- 관개 수로 387만5347명
- 기타 277만3933명

5세 이상 인구의 최종 졸업학교 구성

2008년, *주 : 집단시설인구 제외

| | 5세+인구*(천명) | 초등교육 | | 중등교육 | 고등교육 | | | | 합계 |
		무학	유치원 소학교	중학교	소계	직업기술 학교	전문 학교	대학교	
북 전체	21.640	3.5	20.8	59.4	16.3	2.6	5.0	8.8	100.0
남자	10,187	3.5	21.0	56.7	18.8	2.4	5.2	11.2	100.0
여자	11,453	3.5	20.6	61.8	14.1	2.8	4.7	6.7	100.0
도시	13,162	3.3	19.7	58.1	18.9	2.7	5.6	10.7	100.0
농촌	8,478	3.8	22.4	61.4	12.3	2.5	4.0	5.9	100.0

성, 연령계층별 경제활동 참가율

단위 : %, 주* : 평상상태 접근법을 사용한 남녘의 인력실태조사(2007) 결과

| | 북 | | | | | | 남(2007년)* | | |
| | 1993년 | | | 2008년 | | | | | |
	남녀합	남자	여자	남녀합	남자	여자	남녀합	남자	여자
전체	76.0	84.6	68.9	70.2	79.5	62.2	60.8	72.3	49.8
19세 이하	64.6	62.6	66.3	52.5	49.3	55.3	10.8	7.9	13.9
20~29세	87.5	84.6	89.8	87.9	86.1	89.3	62.7	63.3	62.1
30~39세	92.5	97.1	88.1	90.7	97.3	84.1	74.3	91.4	56.5
40~49세	94.8	98.7	91.1	91.3	98.5	84.3	77.8	91.9	63.4
50~59세	74.6	97.4	54.5	76.4	97.5	57.1	68.7	85.0	52.5
60세 이상	8.4	16.5	4.1	7.3	15.5	2.4	37.8	49.8	28.8

분단 65년… 마침내 다시 만난 북한 전통 사찰의 진면목!

남북한 불교 문화 교류 사업이 맺은 최대의 결실!
북한 관련 출판 역사의 새로운 장을 연 대도감大圖鑑

남한에서 만날 수 없는 북한의 전통 사찰과 불교 문화재의
진수를 만나보시오. 선조들의 슬기와 지혜, 불교의 장엄한
아름다움을 되살렸습니다.

북한의 전통사찰

北韓傳統寺刹
Traditional Temple in North Korea

전 10권 | 2,800여 페이지 | 올컬러 대형 화보 3,500여 컷 | 타블로이드판형(250×350mm) | 양장제본

59개 전통 사찰과 6개 폐사지 / 총 3,500여 컷의 최근 촬영 사진
총 2,800여 페이지의 대형기획 / 250×350mm 대형 판형 / 사철 양장을 통한 보존성 강화 제본
상세한 한글, 한자, 영문 설명 / 썸네일을 통한 상세 색인 수록

각 사찰의 현재 모습을 원경으로 조망

각 사찰의
상세 연혁 소개

일제 강점기 등 전쟁 이전의 모습을 제시

현재의 주요 전각 확대 사진

각 사찰의 위치 표기

세부 문화재 근접 촬영

각 사찰에 대한 세부설명(영문 설명 포함)

외국인을 위한 한자, 영문 캡션 병기

세밀한 부분까지 상세히 촬영한 근접 사진

사진으로 북녘 생활을 엿보다

평양의 일상

2013년 7월 12일 초판 1쇄 인쇄
2013년 7월 16일 초판 1쇄 발행

저 자 | 정창현
사 진 |《민족21》임종진·유수·김도형·김성헌·정창현·강은지
　　　　서유상·이경수·유병문·이준희·북녘《통일신보》·일본《조선신보》
발행인 | 한정희
발행처 | 역사인
등록번호 | 제 313-2010-60호(2010년 2월 24일)
주 소 | 서울특별시 마포구 마포동 324-3 경인빌딩 4층
전 화 | 02) 718-4831-2
팩 스 | 02) 703-9711
E-mail | kyunginp@chol.com

값 23,000원

ⓒ (주)이제이컨설팅, 2013
ISBN 978-89-967243-1-5 03380